Die Handwerksinnungen in der staatlichen dualen
Ordnung des Handwerks

Schriften zum deutschen und europäischen öffentlichen Recht

Herausgegeben von Steffen Detterbeck

Band 6

PETER LANG
Frankfurt am Main · Berlin · Bern · Bruxelles · New York · Oxford · Wien

Steffen Detterbeck/Martin Will

Die Handwerksinnungen in der staatlichen dualen Ordnung des Handwerks

Zur Frage einer Innungspflichtmitgliedschaft und eines Kammerbeitrags-Bonussystems für Innungsmitglieder

Bibliografische Information Der Deutschen Bibliothek
Die Deutsche Bibliothek verzeichnet diese Publikation in der
Deutschen Nationalbibliografie; detaillierte bibliografische
Daten sind im Internet über <http://dnb.ddb.de> abrufbar.

Gedruckt auf alterungsbeständigem,
säurefreiem Papier.

ISSN 1438-4388
ISBN 3-631-51282-1
© Peter Lang GmbH
Europäischer Verlag der Wissenschaften
Frankfurt am Main 2003
Alle Rechte vorbehalten.

Das Werk einschließlich aller seiner Teile ist urheberrechtlich
geschützt. Jede Verwertung außerhalb der engen Grenzen des
Urheberrechtsgesetzes ist ohne Zustimmung des Verlages
unzulässig und strafbar. Das gilt insbesondere für
Vervielfältigungen, Übersetzungen, Mikroverfilmungen und die
Einspeicherung und Verarbeitung in elektronischen Systemen.

Printed in Germany 1 2 3 4 5   7

www.peterlang.de

Vorwort

Diese Veröffentlichung beruht auf einem Gutachten, das im Auftrag des Landesinnungsverbandes des Bayerischen Zimmererhandwerks erstellt wurde. Die Verfasser danken Frau Wiss. Mitarb. Cordula Esser für die umsichtige Betreuung des Literaturverzeichnisses und kritische Durchsicht des Gesamttextes sowie Frau Annette Brecht für die akkurate Erfassung des Manuskripts.

Marburg, im April 2003

Steffen Detterbeck, Martin Will

Inhaltsverzeichnis

A. Anlaß und Gang der Untersuchung 13
B. Die staatliche duale Ordnung des Handwerks 14
   I. Handwerkskammern und Handwerksinnungen als Träger berufsständischer Selbstverwaltung 14
   II. Der rechtliche Standort der Handwerkskammern und Handwerksinnungen 16
      1. Die Handwerkskammern 16
         a) Grundlagen, Rechtsnatur und Mitgliedschaft 16
         b) Aufgaben und Befugnisse 17
            aa) Grundlagen 17
            bb) Die in § 91 HwO ausdrücklich genannten Aufgaben im einzelnen 18
            cc) Sonstige Aufgaben 22
      2. Die Handwerksinnungen 23
         a) Historische Grundlagen und Entwicklung 23
            aa) Von den Zünften zur Gewerbefreiheit 23
            bb) Gewerbeordnung, Handwerks-Novelle und Drittes Reich 24
            cc) Die Innungen in der Handwerksordnung 1953 25
         b) Rechtsnatur und Mitgliedschaft 28
         c) Aufgaben und Befugnisse 29
            aa) Grundlagen 29
            bb) Die Aufgaben gem. § 54 Abs. 1 HwO 30
            cc) Die Aufgaben gem. § 54 Abs. 2 HwO 33
            dd) Die Aufgaben gem. § 54 Abs. 3 HwO 33
            ee) Errichtung von Innungskrankenkassen gem. § 54 Abs. 5 HwO 34
      3. Die staatliche duale Ordnung des Handwerks in funktionaler Sicht: Teilidentität der Aufgabenfelder von Handwerkskammern und Handwerksinnungen 34

C. Erfüllung öffentlicher Aufgaben und staatliche Funktions- und Finanzgewährleistungspflicht gegenüber den Handwerksinnungen 38
   I. Die öffentlichen Aufgaben der Handwerksinnungen 38
      1. Ausgangspunkt 38
      2. Interessenvertretung als öffentliche Aufgabe 38
      3. Die Unterscheidung zwischen staatlichen und nichtstaatlichen öffentlichen Aufgaben im allgemeinen 42
      4. Interessenvertretung als auch staatliche Aufgabe 43
      5. Die staatlichen und nichtstaatlichen öffentlichen Aufgaben der Innungen im einzelnen 50
         a) Die Aufzählung Fröhlers 50
         b) Die verfehlte Qualifizierung der Pflichtaufgaben als staatlich und der freiwilligen Aufgaben als nichtstaatlich 50
         c) Materielle Abgrenzung 52
         d) Die staatlichen Aufgaben der Innungen 53
         e) Die nichtstaatlichen öffentlichen Aufgaben der Innungen 56
   II. Die staatliche Funktions- und Finanzgewährleistungspflicht gegenüber den Innungen 57
      1. Wahrnehmung staatlicher Aufgaben 57
      2. Wahrnehmung nichtstaatlicher öffentlicher Aufgaben . 60

D. Die Rechtsproblematik einer gesetzlichen Innungspflichtmitgliedschaft 62
   I. Rechtstatsächlicher Ausgangspunkt 62
   II. Die Zulässigkeit einer gesetzlichen Innungspflichtmitgliedschaft 65
      1. Vereinbarkeit mit den Grundrechten des Grundgesetzes 65
         a) Ausgangsbefund 65
         b) Die Berufsfreiheit des Art. 12 Abs. 1 GG 65
         c) Die Meinungsfreiheit des Art. 5 Abs. 1 S. 1 GG .. 66
         d) Die Vereinigungsfreiheit des Art. 9 Abs. 1 GG 67
         e) Die Koalitionsfreiheit des Art. 9 Abs. 3 GG 69

- f) Die allgemeine Handlungsfreiheit des Art. 2 Abs. 1 GG 72
  - aa) Anordnung der Pflichtmitgliedschaft als Grundrechtseingriff 72
  - bb) Verfassungsmäßigkeit des Grundrechtseingriffs 74
    - aaa) Zuweisung legitimer öffentlicher Aufgaben 74
    - bbb) Verhältnismäßigkeit 77
      - (1) Geeignetheit 78
      - (2) Erforderlichkeit 78
      - (3) Angemessenheit 80
- g) Resümee 81

2. Vereinbarkeit mit der Europäischen Menschenrechtskonvention (EMRK) 82
   - a) Innerstaatliche Bindungswirkung und materielle Gewährleistungen der EMRK 82
   - b) Vereinigungsfreiheit des Art. 11 Abs. 1 1. Hs. 2. Alt. EMRK 83
     - aa) Positive und negative Vereinigungsfreiheit ... 83
     - bb) Vereinigung i.S.v. Art. 11 EMRK 84
     - cc) Handwerksinnungen und der Vereinigungsbegriff des Art. 11 EMRK 85
     - dd) Ergebnis 86

3. Vereinbarkeit mit dem EG-Vertrag 86
   - a) Niederlassungsfreiheit nach Art. 43 ff. EGV 86
     - aa) Begriff der Niederlassung 86
     - bb) Diskriminierungsverbot 87
     - cc) Beschränkungsverbot 88
       - aaa) Die Weiterentwicklung der Niederlassungsfreiheit zum Beschränkungsverbot 88
       - bbb) Beschränkungsverbot und Pflichtmitgliedschaft 90
     - dd) Rechtfertigung des Eingriffs 92
   - b) Freiheit des Dienstleistungsverkehrs nach Art. 49 ff. EGV 95
     - aa) Begriff des Dienstleistungsverkehrs 95

		bb) Diskriminierungs- und Beschränkungsverbot 96
		cc) Inländerdiskriminierung 98
	III.	Keine staatliche Pflicht zur Anordnung einer obligatorischen Innungsmitgliedschaft 102
		1. Der Handlungsspielraum des Staates bei der Erfüllung seiner Funktions- und Finanzgewährleistungspflicht 102
		2. Die fehlende Einschlägigkeit von Art. 3 Abs. 1 GG .. 104
	IV.	Die Möglichkeit der Verfassungswidrigkeit des Festhaltens an der Pflichtmitgliedschaft in den Handwerkskammern 104
		1. Die Folgen staatlicher Untätigkeit im Falle einer akuten staatlichen Handlungspflicht gegenüber den Innungen 104
		2. Die Möglichkeit einer Verfassungsbeschwerde der Innungen gegen § 90 Abs. 2 HwO 106
E.	Die Rechtspflicht zur Einführung eines Kammerbeitrags-Bonussystems für Innungsbetriebe 107	
	I.	Problemlage 107
	II.	Das prinzipielle Rechtsetzungsermessen der Handwerkskammern 108
	III.	Die maßgeblichen Kammerbeitragsgrundsätze 110
		1. Rechtsnatur der Handwerkskammerbeiträge 110
		2. Das Äquivalenzprinzip 110
		a) Allgemeine Bedeutung 110
		b) Der eingeschränkte Nutzen der Kammermitgliedschaft für Innungsmitglieder 111
		c) Die Unverhältnismäßigkeit des vollen Kammerbeitrages für Innungsmitglieder 114
		3. Der Grundsatz der Beitragsgerechtigkeit als Ausprägung des Gleichheitssatzes des Art. 3 Abs. 1 GG 116
		a) Allgemeine Bedeutung 116

        b)   Der ungleiche gruppenspezifische Nutzen der Kammermitgliedschaft für Nur-Kammermitglieder und Auch-Innungsmitglieder 117
        c)   Der unterschiedlich hohe Gesamtbeitrag der Nur-Kammermitglieder und der Auch-Innungsmitglieder zur Förderung des deutschen Handwerks 118
        d)   Die Pflicht zur beitragsmäßigen Ungleichbehandlung von Nur-Kammermitgliedern und Auch-Innungsmitgliedern 119

IV.   Die rechtliche Durchsetzung eines Kammerbeitrags-Bonussystems für Innungsmitglieder 121

    1.   Das Satzungsermessen der Handwerkskammern 121
    2.   Möglichkeiten der Innungsmitglieder 122
    3.   Möglichkeiten der Handwerksinnungen 122

F.   Zusammenfassung 125

Literaturverzeichnis 131

A. Anlaß und Gang der Untersuchung

Der Staat fördert das Handwerk als einen nach wie vor „volkswirtschaftlich unentbehrlichen Zweig der gewerblichen Wirtschaft und einen besonders wichtigen Teil des Mittelstandes"[1] in zweifacher Hinsicht. Die Vertretung der Interessen des Handwerks ist doppelt öffentlich-rechtlich institutionalisiert. Nach § 90 Abs. 1 und § 91 Abs. 1 Nr. 1 HwO obliegt die Vertretung der Interessen des Gesamthandwerks den Handwerkskammern, die Interessen der Einzelhandwerke werden nach § 52 Abs. 1 S. 1 und § 54 Abs. 1 S. 1 HwO von den Handwerksinnungen wahrgenommen. Sowohl Handwerkskammern als auch Handwerksinnungen sind Körperschaften des öffentlichen Rechts, § 90 Abs. 1 und § 53 S. 1 HwO. Beide Körperschaften finanzieren sich vorwiegend aus Mitgliedsbeiträgen. Während aber in den Handwerkskammern nach § 90 Abs. 2 HwO eine gesetzliche Pflichtmitgliedschaft besteht, ist die Gründung von Handwerksinnungen und der Beitritt zu ihnen gem. § 52 Abs. 1 S. 1 HwO frei.

Nach internen Berichten der Handwerksinnungen verzeichnen nahezu sämtliche Innungen in den letzten zehn Jahren kontinuierlich rückläufige Mitgliederzahlen und ein sinkendes Beitragsaufkommen. Auf längere Sicht stellt der abnehmende Organisationsgrad der Innungen eine ernstzunehmende Gefahr für die ordnungsgemäße Erfüllung der ihnen nach § 54 HwO gesetzlich obliegenden Aufgaben dar. Die zunehmenden finanziellen Lasten und die zumindest gleichbleibenden funktional-materiellen Pflichten der Innungen sind von immer weniger Mitgliedern zu tragen. Demgegenüber wird der Kreis der Innungsbegünstigungen größer, wie die wachsende Zahl der Handwerksrolleneintragungen und damit auch der zahlenden Mitglieder in den Handwerkskammern belegt. Vor diesem Hintergrund stellt sich die Frage nach der Einführung einer gesetzlichen Innungspflichtmitgliedschaft und eines Kammerbeitrags-Bonussystems für solche Kammermitglieder, die zugleich Mitglied in einer Handwerksinnung sind. Nach dem derzeitigen Handwerkskammerbeitragsrecht sind die Innungsmitglieder zur Zahlung des vollen Handwerkskammerbeitrags verpflichtet.

Die Frage nach einer gesetzlichen Innungspflichtmitgliedschaft stellt sich in zweifacher Form: Zum einen ist die Zulässigkeit einer Innungspflichtmitgliedschaft zu prüfen – und zwar nicht nur in verfassungsrechtlicher, sondern auch in völker- und europarechtlicher Hinsicht. Hierbei liefert die Rechtsprechung des Bundesverfassungsgerichts (BVerfG) und des Bundesverwaltungsgerichts (BVerwG), die jüngst die Zulässigkeit der

---

[1] Vgl. BVerfGE 13, 97 (108).

Pflichtmitgliedschaft in den Industrie- und Handelskammern[2] sowie in den Handwerkskammern[3] bejaht hat, wichtige Anhaltspunkte. Davon zu unterscheiden ist die mögliche Pflicht des Gesetzgebers zur Anordnung einer obligatorischen Innungsmitgliedschaft. Gewissermaßen spiegelbildlich stellt sich die Frage nach einer möglichen Pflicht des Staates zur Abschaffung der gesetzlichen Pflichtmitgliedschaft in den Handwerkskammern, wenn er keinerlei Maßnahmen zur Absicherung der Handwerksinnungen ergreift. Die Beantwortung beider Fragenkomplexe – Innungspflichtmitgliedschaft und Kammerbeitrags-Bonussystem für Innungsmitglieder – hängt entscheidend davon ab, ob gegenüber den Handwerksinnungen eine staatliche Funktions- und Finanzgewährleistungspflicht besteht.

Die Klärung sämtlicher hier angerissenen Rechtsfragen bedarf einer näheren Untersuchung des rechtlichen Standorts der Handwerkskammern und der Handwerksinnungen in der staatlichen dualen Ordnung des Handwerks sowie eines Rechtsvergleichs der ihnen gesetzlich übertragenen Aufgaben.

B. Die staatliche duale Ordnung des Handwerks

I. Handwerkskammern und Handwerksinnungen als Träger berufsständischer Selbstverwaltung

In seiner Entscheidung zur Verfassungsmäßigkeit der Pflichtzugehörigkeit zu den Industrie- und Handelskammern aus dem Jahr 1962 hat das BVerfG grundlegend zur Legitimität öffentlich-rechtlicher berufsständischer Selbstverwaltungskörperschaften mit Pflichtmitgliedschaft Stellung bezogen[4]. Danach ist es in der industriellen Gesellschaft, in der auch die Staatspolitik in großem Maße von wirtschaftlichen Vorgängen bestimmt wird und demzufolge – auch in einer grundsätzlich freien Wirtschaft – staatliche Einwirkungen auf das Wirtschaftsleben unvermeidbar sind, naheliegend und aus Sicht der Verfassung unbedenklich, daß der Staat die Förderung der Wirtschaft im weitesten Sinne in den Rang einer besonders wichtigen Staatsaufgabe erhebt[5]. Es kann ihm nicht verwehrt sein, sich bei der Erfüllung dieser Aufgabe der Hilfe von Organen zu bedienen, die er – auf ge-

---

[2] BVerfG NVwZ 2002, 335 ff.; BVerwGE 107, 169 ff.
[3] BVerwGE 108, 169 ff.
[4] BVerfGE 15, 235 (239 ff.).
[5] BVerfGE 15, 235 (240).

setzlicher Grundlage – aus der Wirtschaft selbst heraus sich bilden läßt und die durch ihre Sachkunde die Grundlagen dafür schaffen helfen, daß staatliche Entschließungen auf diesem Gebiet ein möglichst hohes Maß an Sachnähe und Richtigkeit gewinnen. Auch diese besonderen Einrichtungen – in der Entscheidung des BVerfG exemplifiziert durch die Industrie- und Handelskammern – nehmen daher an der Erfüllung einer echten Staatsaufgabe teil. Diese erfüllen sie in erster Linie durch Vorschläge, Gutachten und Berichte, durch Schaffung von Einrichtungen zur Förderung der Wirtschaft, insbesondere auf dem Gebiet der Berufsausbildung und des Prüfungswesens, sowie durch die Erledigung bestimmter Aufgaben der Wirtschaftsverwaltung[6].

Der Bereich des Handwerks stellt auch heute noch, wie schon ein Blick auf den Anteil am erwirtschafteten Bruttosozialprodukt oder aber die Bedeutung für die Bereitstellung von Kapazitäten auf dem Arbeitsmarkt deutlich macht, einen besonders bedeutsamen Teil der Gesamtwirtschaft dar. Die vom BVerfG schon vor geraumer Zeit getroffene Feststellung, der Bundesgesetzgeber habe das Handwerk als einen volkswirtschaftlich unentbehrlichen Zweig der gewerblichen Wirtschaft und einen besonders wichtigen Teil des Mittelstandes angesehen[7], ist nach wie vor aktuell[8]. Die Ausführungen des BVerfG zu den Industrie- und Handelskammern haben daher auch unmittelbar für die berufsständische Selbstverwaltung des Handwerks uneingeschränkte Gültigkeit. Indes besteht eine Besonderheit der berufsständischen Selbstverwaltung des Handwerks darin, daß sich hier vorwiegend aus historischen Gründen ein duales System herausgebildet hat. Sowohl Handwerkskammern als auch Handwerksinnungen nehmen für den Bereich des Handwerks jene Aufgaben im Wirtschaftsleben wahr, die vom BVerfG in der genannten Entscheidung in die beiden Komplexe „Vertretung der gewerblichen Wirtschaft gegenüber dem Staat" und „Wahrnehmung von Verwaltungsaufgaben auf wirtschaftlichem Gebiet" unterteilt worden sind[9]. Dabei sind die Aufgaben von Handwerkskammern einerseits und Handwerksinnungen andererseits vom Gesetzgeber nicht trennscharf geschieden worden. Es besteht vielmehr eine weitgehende Überlappung wesentlicher Aufgabenfelder. Allerdings sind die vom Gesetzgeber geschaffenen strukturellen und materiellen Voraussetzungen, unter denen die Handwerkskammern und Handwerksinnungen die ihnen

---

[6] BVerfGE 15, 235 (240 f.).
[7] BVerfGE 13, 97 (108).
[8] Vgl. nur BVerwGE 108, 169 (173).
[9] BVerfGE 15, 235 (241).

zugewiesenen Aufgaben erfüllen, zum Teil sehr unterschiedlich. Im folgenden sind daher zunächst der rechtliche Standort, insbesondere die Struktur (vor allem im Hinblick auf den Mitgliederkreis), und die jeweiligen Aufgabenfelder der beiden Selbstverwaltungskörperschaften des Handwerks näher herauszuarbeiten.

II. Der rechtliche Standort der Handwerkskammern und Handwerksinnungen

1. Die Handwerkskammern

a) Grundlagen, Rechtsnatur und Mitgliedschaft

Die Handwerkskammern sind Selbstverwaltungseinrichtungen des Handwerks und des handwerksähnlichen Gewerbes zur Vertretung der Interessen des Gesamthandwerks[10]. Ihre unmittelbaren historischen Wurzeln liegen im 19. Jahrhundert[11]. Während die Interessen des Handwerks in der zweiten Hälfte des 19. Jahrhunderts noch von den vielerorts gegründeten Gewerbekammern mitvertreten wurden, schuf der Gesetzgeber mit der Handwerksnovelle zur Gewerbeordnung vom 26. Juli 1897 die rechtlichen Voraussetzungen für die Einrichtung eigenständiger Handwerkskammern[12]. Mit Wirkung vom 1. April 1900 wurden dann im Reichsgebiet 71 Handwerkskammern eingerichtet[13], die von Anfang an eine doppelte Funktion wahrnahmen[14]. Einerseits vertraten sie die Interessen des gesamten Handwerks ihres Bezirkes, andererseits oblag es ihnen, durch Gesetz übertragene Hoheitsaufgaben zu erfüllen, insbesondere im Bereich der Be-

---

[10] *Musielak/Detterbeck,* Das Recht des Handwerks, 3. Aufl. 1995, § 90 Rn. 3 f.; *Schwannecke,* in: Aberle, HwO, § 90 Rn. 1.
[11] In einem weiteren Sinn lassen sich die Handwerkskammern auch auf die mittelalterlichen Zünfte zurückführen; vgl. etwa *Tettinger,* Kammerrecht, 1997, S. 50 ff.
[12] *Hartmann/Philipp,* Handwerksrecht – Handwerksordnung – Kommentar, 1954, S. 226; *Achten,* Die öffentlich-rechtliche Grundlage, 1929, S. 44 ff.
[13] Zu beachten ist, daß die damaligen Handwerkskammern im Hinblick auf ihren Mitgliederkreis anders als die heutigen Kammern repräsentativ ausgestaltet waren. Ihnen gehörten nicht die einzelnen Handwerker, Gesellen und Lehrlinge, sondern eine im Statut niedergelegte Zahl von Mitgliedern an, die von den Innungen, Gewerbevereinen und anderen einschlägigen Vereinen gewählt wurden; vgl. *Tettinger,* a.a.O., S. 53 f.
[14] *Schwannecke,* in: Aberle, HwO, § 90 Rn. 4.

rufsausbildung[15]. Gestärkt wurde die Stellung der Handwerkskammern durch die Handwerksnovelle von 1929[16], die ihnen auch die Führung der Handwerksrolle übertrug[17].

Erst nach dem zweiten Weltkrieg, in der Handwerksordnung von 1953, wurde die Rechtsnatur der Handwerkskammern als Körperschaften des öffentlichen Rechts gesetzlich klargestellt. Heute regelt § 90 Abs. 1 HwO grundlegend: „Zur Vertretung der Interessen des Handwerks werden Handwerkskammern errichtet; sie sind Körperschaften des öffentlichen Rechts." Errichtet werden Handwerksammern von der obersten Landesbehörde[18], also dem zuständigen Fachminister (-senator), nicht von der Landesregierung. Die oberste Landesbehörde bestimmt auch den Bezirk der jeweiligen Kammer, der sich in der Regel mit dem der höheren Verwaltungsbehörde decken soll[19].

Die Zugehörigkeit zur Handwerkskammer wird in § 90 Abs. 2 HwO abschließend geregelt. Zur Handwerkskammer gehören danach kraft Gesetzes die selbständigen Handwerker und die Inhaber handwerksähnlicher Betriebe des Handwerkskammerbezirks sowie die Gesellen, andere Arbeitnehmer mit einer abgeschlossenen Berufsausbildung und die Lehrlinge dieser Gewerbetreibenden. Aus der Legaldefinition des Begriffs „selbständige Handwerker" in § 1 Abs. 1 HwO ergibt sich, daß nicht nur natürliche, sondern auch juristische Personen und Personengesellschaften der Handwerkskammer angehören, soweit sie in die Handwerksrolle oder in die Rolle der handwerksähnlichen Betriebe eingetragen sind[20]. Die genannten Personen sind wie erwähnt kraft Gesetzes Mitglieder der Handwerkskammern, es besteht also mit anderen Worten eine Zwangsmitgliedschaft in den Handwerkskammern.

b) Aufgaben und Befugnisse

aa) Grundlagen

Die Handwerkskammern haben die Interessen des Handwerks ihrer jeweiligen Bezirke nicht nur gegenüber anderen Wirtschaftszweigen und der Öf-

---

[15] *Musielak/Detterbeck*, Das Recht des Handwerks, 3. Aufl. 1995, § 90 Rn. 2.
[16] RGBl. 1929 I S. 21.
[17] Vgl. *Achten*, a.a.O., S. 54 ff.
[18] § 90 Abs. 3 S. 1, 1. Hs. HwO.
[19] § 90 Abs. 3 S. 1, 2. Hs. HwO.
[20] *Musielak/Detterbeck*, a.a.O., § 90 Rn. 7 u. § 1 Rn. 26 ff.

fentlichkeit im allgemeinen, sondern gerade auch gegenüber staatlichen Stellen zu vertreten. „Interessen des Handwerks" in § 90 Abs. 1 HwO sowie § 91 Abs. 1 Nr. 1 HwO ist umfassend zu verstehen[21]. Gemeint ist die Wahrnehmung aller Aufgaben, die geeignet erscheinen, der Gesamtheit der Handwerksbetriebe und/oder den einzelnen Angehörigen der Handwerkskammern zu dienen[22]. Den Handwerkskammern obliegt danach insbesondere nicht lediglich die Vertretung der Interessen der selbständigen Handwerker, sondern auch die der in Handwerksbetrieben beschäftigten Gesellen und Lehrlinge[23].

§ 91 Abs. 1 HwO enthält einen Katalog von Aufgaben der Handwerkskammern. Dabei bringt schon die Formulierung „Aufgabe der Handwerkskammer ist insbesondere [...]" eindeutig zum Ausdruck, daß es sich nicht etwa um eine abschließende Aufzählung handelt. Die Handwerksammern können auch andere als die genannten Aufgaben wahrnehmen, soweit sie sich innerhalb des von § 91 Abs. 1 HwO gesteckten Rahmens halten. Hinzu kommt, daß Begriffe wie insbesondere „Interessen des Handwerks zu fördern" in § 91 Abs. 1 Nr. 1 HwO sehr weitgefaßt sind und so ihrerseits zur Ausweitung des Aufgabenkreises der Handwerksammern beitragen.

bb) Die in § 91 HwO ausdrücklich genannten Aufgaben im einzelnen

Den Handwerkskammern werden gesetzlich in § 91 HwO die folgenden Aufgaben ausdrücklich zugewiesen:

- Die bereits angesprochene Grundaufgabe der Handwerkskammer besteht gem. § 91 Abs. 1 Nr. 1 HwO darin, die Interessen des Handwerks zu fördern. Dabei muß sich die Handwerkskammer aller Handwerkszweige und – wie sich aus § 91 Abs. 4 HwO ergibt – aller handwerksähnlichen Gewerbe annehmen[24]. Die Handwerkskammern sind gem. § 91 Abs. 1 Nr. 1 i.V.m. § 90 HwO berechtigt, alle rechtlich zulässigen Maßnahmen zu ergreifen, die dem wirtschaftlichen oder ideellen Interesse des Gewerbezweiges „Handwerk" und der dort tätigen Personen

---

[21] Vgl. BGH GewArch 1986, 380 (381); *Thieme,* GewArch 1967, 121 (121 f.); *Musielak/Detterbeck,* Das Recht des Handwerks, 3. Aufl. 1995, § 90 Rn. 5.
[22] *Schwannecke,* in: Aberle, HwO, § 90 Rn. 3.
[23] Vgl. *Fröhler,* GewArch 1972, 33 (34 f.); *Musielak/Detterbeck,* a.a.O., § 90 Rn. 5.
[24] *Heck,* in: Aberle, HwO, § 91 Rn. 5.

dienen[25]. Dies umfaßt auch Maßnahmen der betrieblichen und überbetrieblichen Ausbildung. Die Handwerkskammern sind daher auch zur Einrichtung und zum Betrieb überbetrieblicher Ausbildungsstätten befugt[26]. Gem. § 91 Abs. 1 Nr. 1 HwO obliegt es den Handwerkskammern ferner, für einen gerechten Ausgleich der Interessen der einzelnen Handwerke und ihrer Organisationen zu sorgen.

- Gem. § 91 Abs. 1 Nr. 2 HwO ist es als Ausprägung des allgemeinen Förderungsauftrags Aufgabe der Handwerkskammer, die Behörden durch Anregungen, Vorschläge und Erstattung von Gutachten in der Förderung des Handwerks zu unterstützen und regelmäßig Berichte über die Verhältnisse des Handwerks zu erstatten. Der Berichterstattungspflicht kommen die Kammern primär durch periodisch erscheinende Nachrichtenblätter sowie durch ihre Jahresberichte nach.
- Gem. § 91 Abs. 1 Nr. 3 HwO ist es Aufgabe der Handwerkskammer, die Handwerksrolle zu führen, wodurch die Feststellung der Berechtigung zum selbständigen Betrieb eines Handwerks als stehendes Gewerbe (§ 1 i.V.m. § 6 HwO) ermöglicht wird.
- Gem. § 91 Abs. 1 Nr. 4 HwO zählt es zu den Aufgaben der Handwerkskammer, die Berufsausbildung zu regeln (§ 41 HwO), Vorschriften hierfür zu erlassen, ihre Durchführung zu überwachen (§ 41a HwO) sowie eine Lehrlingsrolle (§ 28 S. 1 HwO) zu führen. Das Recht zur Regelung der Berufsausbildung zählt zu den bedeutsamsten Befugnissen der Handwerkskammern und ist besonderer Ausdruck der Selbstverwaltung durch die gewerbliche Wirtschaft[27]. Aus § 41 HwO folgt allerdings, daß die Handwerkskammern nur insoweit zur Regelung befugt sind, als keine staatlichen Vorschriften bestehen[28]. Nicht umfaßt von der Regelungsbefugnis ist der Erlaß von Ausbildungsordnungen, den §§ 25 ff. HwO den Bundesbehörden zuweisen[29]. Die Aufgaben der Handwerkskammer im Bereich der Berufsausbildung werden gem. § 91 Abs. 1 Nr. 4a HwO durch Aufgaben im Rahmen der beruflichen Fortbildung und Umschulung ergänzt. Die Handwerkskammer hat danach auch die Aufgabe, Vorschriften für Prüfungen im Rahmen einer beruflichen Fortbil-

---

[25] *Musielak/Detterbeck*, Das Recht des Handwerks, 3. Aufl. 1995, § 91 Rn. 10.
[26] VGH Bad.-Württ. GewArch 1988, 165 (166); OVG Münster GewArch 1991, 303; OVG Münster GewArch 1994, 480; VG Osnabrück GewArch 1996, 247.
[27] *Musielak/Detterbeck*, Das Recht des Handwerks, 3. Aufl. 1995, § 91 Rn. 18.
[28] Vgl. *Kormann*, GewArch 1991, S. 89 ff.
[29] *Musielak/Detterbeck*, a.a.O., § 91 Rn. 20.

dung oder Umschulung zu erlassen und Prüfungsausschüsse hierfür zu errichten.
- Nach § 91 Abs. 1 Nr. 5 HwO gehört es zu den Aufgaben der Handwerkskammer, Gesellenprüfungsordnungen für die einzelnen Handwerke zu erlassen, Prüfungsausschüsse für die Abnahme der Gesellenprüfungen zu errichten oder Handwerksinnungen zu der Errichtung von Gesellenprüfungsausschüssen zu ermächtigen und die ordnungsmäßige Durchführung der Gesellenprüfungen zu überwachen. Die Aufgabenbereiche von Handwerkskammern und Handwerksinnungen sind daher insoweit von Gesetzes wegen verzahnt. Die Handwerkskammer kann entweder selbst Prüfungsausschüsse für die Abnahme der Gesellenprüfung errichten oder aber, wenn die Leistungsfähigkeit der Handwerksinnung die ordnungsgemäße Durchführung der Prüfung sicherstellt (§ 33 Abs. 1 S. 3 HwO), diese Aufgabe auf Handwerksinnungen delegieren, die dann zur Wahrnehmung der übertragenen Aufgabe verpflichtet sind[30].
- Gem. § 91 Abs. 1 Nr. 6 HwO haben die Handwerkskammern auch für die Meisterprüfungen Prüfungsordnungen zu erlassen und die Geschäfte des Meisterprüfungsausschusses zu führen. Die Errichtung der Prüfungsausschüsse und die Abnahme der Prüfungen obliegt allerdings den staatlichen Behörden, i. d. R. den Regierungspräsidien[31].
- Gem. § 91 Abs. 1 Nr. 7 HwO haben die Handwerkskammern die technische und betriebswirtschaftliche Fortbildung der Meister und Gesellen zur Erhaltung und Steigerung der Leistungsfähigkeit des Handwerks in Zusammenarbeit mit den Innungsverbänden zu fördern, die erforderlichen Einrichtungen hierfür zu schaffen oder zu unterstützen und zu diesem Zweck eine Gewerbeförderungsstelle zu unterhalten. Wie die Handwerkskammern die technische und betriebswirtschaftliche Fortbildung der Meister (und Selbständigen, die keine Meister sind) sowie Gesellen realisieren, steht ihnen grundsätzlich frei. Die im Vergleich zu den Innungen bessere finanzielle Ausstattung der Kammern ermöglicht es ihnen insbesondere, Fachschulen einzurichten und zu unterhalten und ständige Kurse abzuhalten[32]. Insofern ist der Aufgabenbereich der Kammern also ausdrücklich mit dem der Innungsverbände verzahnt, wobei vorliegend allerdings anstelle einer Delegationsmöglichkeit eine Zusammenarbeit mit den Innungsverbänden angestrebt ist.

---

[30] *Musielak/Detterbeck*, a.a.O., § 91 Rn. 30.
[31] *Musielak/Detterbeck*, a.a.O., § 91 Rn. 32.
[32] *Musielak/Detterbeck*, Das Recht des Handwerks, 3. Aufl. 1995, § 91 Rn. 33.

- Nach § 91 Abs. 1 Nr. 8 HwO gehört es zu den Aufgaben der Handwerkskammer, Sachverständige zur Erstattung von Gutachten über Waren, Leistungen und Preise von Handwerkern zu bestellen und zu vereidigen.
- Gem. § 91 Abs. 1 Nr. 9 HwO haben die Handwerkskammern die wirtschaftlichen Interessen des Handwerks und die ihnen dienenden Einrichtungen, insbesondere das Genossenschaftswesen, zu fördern. Hier wird ausdrücklich der wirtschaftliche Teilaspekt der Interessenförderung aus § 91 Abs. 1 Nr. 1 HwO wieder aufgegriffen. Als Unteraspekt finden die den wirtschaftlichen Interessen des Handwerks dienenden Einrichtungen, insbesondere das Genossenschaftswesen, besondere Erwähnung.
- § 91 Abs. 1 Nr. 10 HwO nennt die Förderung der Formgestaltung im Handwerk als Aufgabe der Handwerkskammern. Angestrebt ist hier, die Herstellung ästhetisch ansprechender Produkte zu unterstützen[33].
- Gem. § 91 Abs. 1 Nr. 11 HwO gehört es zu den Aufgaben der Handwerkskammern, Vermittlungsstellen zur Beilegung von Streitigkeiten zwischen selbständigen Handwerkern und ihren Auftraggebern einzurichten. Insoweit besteht eine Aufgabenüberschneidung mit der Vermittlung bei Streitigkeiten durch die Innungen gem. § 54 Abs. 3 Nr. 3 HwO. Anders als die den Innungen zuzuordnenden Schiedsstellen, die nur im Bereich des jeweiligen Innungshandwerks tätig werden, sind die Vermittlungsstellen der Kammern für alle handwerklichen Arbeiten der Handwerksberufe der Anlage A zur Handwerksordnung zuständig[34].
- Gem. § 91 Abs. 1 Nr. 12 HwO haben die Handwerkskammern Ursprungszeugnisse über in Handwerksbetrieben gefertigte Erzeugnisse und andere dem Wirtschaftsverkehr dienende Bescheinigungen auszustellen, soweit nicht Rechtsvorschriften diese Aufgaben anderen Stellen zuweisen.
- § 91 Abs. 1 Nr. 13 HwO nennt schließlich als Aufgabe der Handwerkskammern, Maßnahmen zur Unterstützung notleidender Handwerker sowie Gesellen und anderer Arbeitnehmer mit einer abgeschlossenen Berufsausbildung zu treffen oder zu unterstützen. Dies umfaßt nach h.M. auch die Errichtung einer Unterstützungskasse[35]. Auch insofern besteht

---

[33] *Heck*, in: Aberle, HwO, § 91 Rn. 74.
[34] Vgl. *Heck*, in: Aberle, HwO, § 91 Rn. 75.
[35] So *Heck* a.a.O., § 91 Rn. 79; *Musielak/Detterbeck*, Das Recht des Handwerks, 3. Aufl. 1995, § 91 Rn. 44; a. A. *Honig*, Handwerksordnung, 2. Aufl. 1999, § 91 Rn. 45.

daher eine deutliche Überschneidung mit den Aufgabenbereichen der Handwerksinnungen, die gem. § 54 Abs. 3 Nr. 2 HwO ausdrücklich ermächtigt sind, für ihre Mitglieder und deren Angehörige Unterstützungskassen für Fälle der Krankheit, des Todes, der Arbeitsunfähigkeit oder sonstiger Bedürftigkeit zu errichten.

cc) Sonstige Aufgaben

- Über die in § 91 HwO aufgeführten Aufgaben hinaus weisen die HwO und das BBiG der Handwerkskammer eine Reihe anderer Befugnisse vor allem im Bereich beruflicher Bildung und im Innungsrecht zu. Daneben kann die Handwerkskammer aufgrund der allgemeinen Zuständigkeit zur Wahrnehmung handwerklicher Interessen eine Vielzahl weiterer Aufgaben übernehmen, soweit dies in ihre Satzung aufgenommen wurde[36]. Hierzu gehört z.B. die nach §§ 3, 7 Rechtsberatungsgesetz erlaubte Rechtsberatung der Kammerangehörigen[37].
- Zu den weiteren Aufgaben gehören z.B. der Erlaß von Vorschriften für die Berufsausbildung und Prüfung von Lehrlingen, die in Handwerksbetrieben ausgebildet werden, ohne selber ein Handwerk zu erlernen (vgl. § 91 Abs. 2 HwO); die Einrichtung von Inkassostellen für die Einziehung von in der beruflichen Tätigkeit wurzelnden Forderungen der Mitglieder[38], die Organisation der Teilnahme an sowie die Repräsentanz auf Messen[39] und eine Betreuung auf steuerlichem Gebiet inklusive buchungstechnischer Vorgänge und der Erstellung der Steuerbilanz[40] (vgl. § 4 Nr. 3 StBerG[41]).

---

[36] *Musielak/Detterbeck*, Das Recht des Handwerks, 3. Aufl. 1995, § 91 Rn. 46; *Honig*, Handwerksordnung, 2. Aufl. 1999, § 91 Rn. 48.
[37] *Oberndorfer*, Die wirtschaftliche und berufliche Selbstverwaltung durch Kammern in der Bundesrepublik Deutschland, 1987, S. 11; *Fröhler/Kormann*, Wirtschaftliche Betätigung von Handwerksorganisationen, 1984, S. 8, 10; *Fröhler/Oberndorfer*, Körperschaften des öffentlichen Rechts und Interessenvertretung, S. 4, 83.
[38] BVerwG GewArch 1958, S. 130; *Oberndorfer*, a.a.O., S. 11.
[39] *Oberndorfer*, a.a.O., S. 33.
[40] Vergleiche zum ganzen auch *Musielak/Detterbeck*, a.a.O., § 91 Rn. 46; *Heck*, in: Aberle, HwO, § 91 Rn. 80 ff.; *Honig*, a.a.O., § 91 Rn. 48 ff.
[41] Steuerberatungsgesetz vom 16. August 1961 (BGBl. I S. 1301), in der Fassung der Bekanntmachung vom 4. November 1975 (BGBl. I S. 2735), zuletzt geändert durch das Gesetz zur Gleichstellung behinderter Menschen und zur Änderung anderer Gesetze vom 27. April 2002 (BGBl. I S. 1467).

2. Die Handwerksinnungen

a) Historische Grundlagen und Entwicklung

aa) Von den Zünften zur Gewerbefreiheit

Die Handwerksinnungen gehen auf die mittelalterlichen Zünfte zurück, die spätestens seit dem 12. Jahrhundert in Städten nachgewiesen werden können[42]. Während es sich ursprünglich um freiwillige Zusammenschlüsse der Handwerker eines Handwerkszweiges mit genossenschaftlichem Charakter handelte, wurde der freie genossenschaftliche Zusammenschluß im späten Mittelalter von einer zunehmenden Einflußnahme des jeweiligen Stadtherren überdeckt, der die Bildung von Zünften von der Erteilung eines Zunftbriefes abhängig machte. Parallel entwickelte sich aus einzelnen Vorrechten der Zunftmitglieder graduell der Zunftzwang, durch den Außenstehende von der Ausübung des jeweiligen Handwerks ausgeschlossen wurden[43]. Mit dem Gewerbemonopol war allerdings auch eine berufsständische Gewerbepflicht verbunden, die die Meister zur Annahme und zur gewissenhaften Durchführung übertragener Arbeiten verpflichtete. Die Zünfte nahmen dabei Einfluß auf Qualität und Preisgestaltung der Arbeit und konnten z.B. schlechte Arbeit mit einem Ordnungsgeld oder im Extremfall sogar dem Ausschluß aus der Zunft ahnden[44].

In der frühen Neuzeit scheiterten konzertierte Maßnahmen gegen den Zunftzwang, der sich zu einem Innovationshindernis entwickelt hatte, wie die Reichszunftordnung von 1731, die z.B. eine Zulassung von Freimeistern vorsah, noch am Widerstand der Zünfte. Die ab der ersten Hälfte des 19. Jahrhundert einsetzende industrielle Revolution entzog aber schließlich den Zünften die wirtschaftliche Grundlage. Im Rahmen der Stein-Hardenbergschen Reformen[45] und speziell der Einführung der allgemeinen Gewerbefreiheit[46] in Preußen wurde die Aufhebung der Zunftschranken im Jahr 1810 dann offiziell verkündet[47]. Die zunehmende

---

[42] Vgl. *John,* Handwerk im Spannungsfeld zwischen Zunftordnung und Gewerbefreiheit, 1987, S. 37 ff.; *Fröhler,* Das Recht der Handwerksinnung, 1959, S. 1 ff.
[43] *Fröhler,* Das Recht der Handwerksinnung, 1959, S. 2 f.
[44] *John,* Handwerk im Spannungsfeld zwischen Zunftordnung und Gewerbefreiheit, 1987, S. 76 ff.
[45] Dazu näher *Frotscher/Pieroth,* Verfassungsgeschichte, 3. Aufl. 2002, Rn. 188 ff.
[46] Siehe zu den einzelnen Schritten auf dem Weg zur Gewerbefreiheit *Knörr,* Berufszulassung zum Handwerk, 1996, S. 11 ff.
[47] *Fröhler,* a.a.O., S. 6.

Verdrängung des Handwerkerstandes durch die neuen industriellen Großbetriebe und der aufkommende Pauperismus begünstigten jedoch noch in der ersten Hälfte des 19. Jahrhunderts eine Renaissance des Zunftkonzepts[48]. Die vorrevolutionäre preußische Gewerbeordnung von 1845 erkannte die Zünfte als private Handwerkervereinigungen an, entzog ihnen allerdings ihre Zwangsbefugnisse und Bannrechte. Weitergehender waren die Forderungen des deutschen Handwerker- und Gewerbekongresses, der im Revolutionsjahr 1848 in Frankfurt am Main zusammentrat und u.a. die Meisterprüfung und die Zunft- bzw. Innungszugehörigkeit als Bedingung für die selbständige Ausübung eines Handwerks befürwortete[49].

bb) Gewerbeordnung, Handwerks-Novelle und Drittes Reich

Ganz im Zeichen des wirtschaftlichen Liberalismus standen allerdings die Gewerbeordnung des Norddeutschen Bundes von 1869, die nach Gründung des Deutschen Reiches vom Reichsgesetzgeber im Jahre 1871 übernommen wurde[50]. Innungen waren nur als freiwillige Zusammenkünfte von Handwerkern auf privatrechtlicher Basis anerkannt und besaßen dementsprechend keine hoheitlichen Kompetenzen. Mit der Novelle der Gewerbeordnung im Jahr 1881 wurden jedoch nicht nur die Pflichtaufgaben der Innungen insbesondere im Bereich der Berufsausbildung schärfer umrissen, sondern den Innungen wurden auch wieder öffentlich-rechtliche Korporationsbefugnisse verliehen[51].

Zu einem eigenartigen Nebeneinander freier Innungen mit fakultativen Zwangsinnungen führte dann die Handwerks-Novelle von 1897[52]. Durch staatlichen Hoheitsakt konnten für bestimmte Handwerke Zwangsinnungen in Bezirken eingerichtet werden, in denen sich die Mehrheit der betroffenen Handwerker für die Einrichtung ausgesprochen hatte[53]. Die damit ge-

---

[48] In Bremen (1814), Hannover (1815), Kurhessen (1816), Ostfriesland (1817) und Oldenburg (1830) wurde die Zunftordnung wieder eingeführt, während Preußen die Gewerbefreiheit bis 1845 beibehielt; vgl. *John*, Handwerk im Spannungsfeld zwischen Zunftordnung und Gewerbefreiheit, 1987, S. 172.
[49] Vgl. im einzelnen: *Simon*, Handwerk in Krise und Umbruch, 1983, S. 206 ff.; *John*, a.a.O., S. 194 ff.
[50] *John*, a.a.O., S. 284 ff.
[51] *Fröhler*, Das Recht der Handwerksinnung, 1959, S. 7; *Musielak/Detterbeck*, Das Recht des Handwerks, 3. Aufl. 1995, § 90 Rn. 2; zur Rechtsentwicklung nach 1879 vgl. auch die konzise Darstellung bei: *Chesi*, Struktur und Funktionen der Handwerksorganisation, 1966, S. 18 f.
[52] *Knörr*, Berufszulassung zum Handwerk, 1996, S. 143; *John*, a.a.O., S. 300 ff.
[53] *Musielak/Detterbeck*, a.a.O., § 90 Rn. 2.

schaffene Koexistenz freier Innungen und Innungen mit Pflichtmitgliedschaft überdauerte die Handwerks-Novelle von 1929 und wurde erst im Dritten Reich mit der 1. Verordnung über den vorläufigen Aufbau des deutschen Handwerks vom 15. Juni 1934 abgelöst[54], die sich mit der Einführung der obligatorischen Zwangsinnung wieder stark dem Zunftgedanken annäherte[55]. Mit der 3. Verordnung über den vorläufigen Aufbau des deutschen Handwerks vom 18. Januar 1935[56] wurde dann der Große Befähigungsnachweis eingeführt, indem nur den in die Handwerksrolle Eingetragenen das Recht zur selbständigen Ausübung eines Handwerks zugestanden und die Handwerksrolleneintragung wiederum in der Regel vom Bestehen der Meisterprüfung abhängig gemacht wurde[57].

cc) Die Innungen in der Handwerksordnung 1953

Nach Ende des zweiten Weltkrieges kam es in den Besatzungszonen zu unterschiedlichen Regelungen. In der amerikanischen Besatzungszone wurde ein liberales Modell der Gewerbefreiheit eingeführt[58]. Innungen durften keine hoheitlichen Aufgaben wahrnehmen und keine Körperschaften des öffentlichen Rechts sein. Die Mitgliedschaft in der Innung war nur auf freiwilliger Basis möglich[59]. In der französischen und der britischen Besatzungszone wurde hingegen mittels Besatzungsrechts, teils aber auch durch Gesetze der neu entstandenen Länder der vor 1933 bestehende Rechtszustand im Hinblick auf die Innungen wiederhergestellt[60].

Die Rechtszersplitterung und vor allem die weitestgehende Gewerbefreiheit in der amerikanischen Zone wurden jedoch vor allem von den direkt Betroffenen zunehmend als unbefriedigend empfunden. Auf der Basis

---

[54] RGBl. I 1934, S. 493.
[55] Zu den Umgestaltungen in der Handwerksorganisation nach der Machtübernahme durch die Nationalsozialisten vgl. *Chesi*, Struktur und Funktionen der Handwerksorganisation, 1966, S. 25 ff.; sowie die Übersicht bei *Schwindt*, Kommentar zur Handwerksordnung, 1954, S. 20 f.
[56] RGBl. I 1935, S. 15.
[57] Vgl. §§ 1 und 3 Abs. 1 der 3. Verordnung über den vorläufigen Aufbau des deutschen Handwerks vom 18. Januar 1935, RGBl. I 1935, S. 15.
[58] *Chesi*, Struktur und Funktionen der Handwerksorganisation, 1966, S. 161 ff.
[59] Diese Programmatik floß auch in Art. 179 der Bayerischen Verfassung von 1946 ein, nach dem wirtschaftliche Körperschaften und Selbstverwaltungsorgane der Wirschaft keine staatlichen Machtbefugnisse ausüben dürfen und eine Zwangsmitgliedschaft in ihnen ausgeschlossen ist.
[60] Vgl. zum Wiederaufbau der Handwerksorganisation in der britischen und französischen Besatzungszone: *Chesi*, a.a.O., S. 138 ff.

der mit dem Inkrafttreten des Grundgesetzes vom 23. Mai 1949 geschaffenen Bundeskompetenz für das Recht der Wirtschaft, insbesondere des Handwerks und Gewerbes, brachten die CDU/CSU- und die FDP-Fraktion daher am 6. Oktober 1950 den Entwurf eines Gesetzes über die Handwerksordnung in den Bundestag ein[61]. Abschnitt II über Handwerksinnungen entsprach den Regelungen der (Reichs-) Gewerbeordnung über die Bildung von Innungen[62]. Der Zusammenschluß selbständiger Handwerker eines bestimmten Bezirks sollte gem. § 2 des Gesetzesentwurfs auf freiwilliger Basis erfolgen. Gleichzeitig wurde aber auch das Konzept der Gewerbeordnung im Hinblick auf die fakultative Zwangsinnung übernommen, da es sich hervorragend bewährt habe und eine Synthese zwischen einem absoluten Zwangscharakter der Handwerksinnung und dem zu weitgehenden Aufsplitterungen und Unzuträglichkeiten führenden Grundsatz der extremen Freiwilligkeit darstelle[63]. § 7 des Gesetzesentwurfs lautet wie folgt:

„Zur Wahrung der gemeinsamen Interessen gleicher oder verwandter Handwerke kann durch die Verwaltungsbehörde auf Antrag Beteiligter (§ 7 Absatz 1) angeordnet werden, daß innerhalb eines bestimmten Bezirkes sämtliche in die Handwerksrolle eingetragenen Handwerker, welche das gleiche Handwerk oder verwandte Handwerke ausüben, einer neu zu errichtenden Innung als Mitglieder anzugehören haben, wenn 1. die Zweidrittelmehrheit der beteiligten Gewerbetreibenden der Einführung der Beitrittspflicht zustimmt; 2. die Zahl im Bezirk vorhandener beteiligter Handwerker zur Bildung einer leistungsfähigen Innung ausreicht."

Auf die erste Lesung am 26. Oktober 1950 folgten ausgedehnte Diskussionen, die vor allem in insgesamt 53 Sitzungen des eigens gebildeten Unterausschusses „Handwerksordnung" des Ausschusses für Wirtschaftspolitik geführt wurden[64]. Nach weiteren 5 Sitzungen des Ausschusses für Wirtschaftspolitik wurde der stark erweiterte und überarbeitete Entwurf des Gesetzes zur Ordnung des Handwerks (Handwerksordnung)[65] in der 258. Sitzung des deutschen Bundestages am 26. März 1953 mit den Stimmen der

---

[61] BT-Drs. I Nr. 1428.
[62] Vgl. die Begründung zu Abschnitt II des Gesetzesentwurfs, BT-Drs. I Nr. 1428, S. 20.
[63] Vgl. die Begründung zu Abschnitt II des Gesetzesentwurfs, BT-Drs. I Nr. 1428, S. 20.
[64] *Schwindt*, Kommentar zur Handwerksordnung, 1954, S. 32.
[65] BT-Drs. I Nr. 4172.

Abgeordneten aller Parteien – außer der KPD – mit geringfügigen Änderungen verabschiedet[66].

Als Ergebnis kontroverser Diskussionen insbesondere im Hinblick auf die verfassungsrechtliche Zulässigkeit einer Pflichtmitgliedschaft wurde bei den Regelungen über die Mitgliedschaft in Handwerksinnungen konsequent das Prinzip der Freiwilligkeit verwirklicht. Dies beruhte nicht zuletzt auf der Befürchtung, daß eine Pflichtmitgliedschaft in Innungen die angestrebte Tariffähigkeit von Innungen (vgl. § 54 Abs. 3 Nr. 1 HwO) ausschließen könnte[67]. In § 47 Abs. 1 HwO-53 wurde deshalb schließlich geregelt, daß der Zusammenschluß selbständiger Handwerker zur Handwerksinnung auf einem freiwilligen Willensentschluß beruht. Die im Gesetzesentwurf von 1950 vorgesehene „fakultative Zwangsinnung" wurde damit nicht in das Gesetz übernommen.

§ 49 HwO-53 listet die Aufgaben der Handwerksinnung auf. Außerdem wird den Handwerksinnungen – anders noch als im Gesetzesentwurf von 1950 – in § 48 S. 1 HwO-53 der Status einer Körperschaft des öffentlichen Rechts eingeräumt. Der Bundesrat stimmte dem Gesetzentwurf am 24. April 1953 einstimmig zu.

Aufgrund des noch gültigen Besatzungsrechts war für das Inkrafttreten der Handwerksordnung noch die Zustimmung der Hohen Alliierten Kommission erforderlich. Die Amerikaner äußerten hier verschiedene Bedenken, vor allem im Hinblick auf die Einschränkung der Gewerbefreiheit durch die Zwangsmitgliedschaft in der Handwerkskammer und die Bedingung des Befähigungsnachweises und bezweifelten die Verfassungsmäßigkeit des Gesetzes. Da die von ihnen gewünschte Vorabüberprüfung des Gesetzes durch das BVerfG nach dem Grundgesetz allerdings nicht möglich war und ihnen zugesichert wurde, daß eine baldige verfassungsgerichtliche Klärung der strittigen Punkte herbeigeführt werde[68], gaben sie schließlich dem Drängen Konrad Adenauers nach und stimmten dem Gesetz zu[69]. Die Handwerksordnung vom 17. September 1953 konnte unter

---

[66] *Holljé-Lüerßen*, Das deutsche Handwerk, 1996, S. 19.

[67] *Fröhler*, Das Recht der Handwerksinnung, 1959, S. 19 ff.; *Musielak/Detterbeck*, Das Recht des Handwerks, 3. Aufl. 1995, § 54 Rn. 24.

[68] Vgl. das Schreiben des Bundeskanzlers und des Bundesministers des Auswärtigen an den Hohen Kommissar der Vereinigten Staaten von Amerika, Botschafter Dr. J. B. Conant vom 1. September 1953, abgedruckt bei: *Schwindt*, Kommentar zur Handwerksordnung, 1954, S. 34 ff.

[69] Die US-Regierung entschied am 2. September 1953, ihre Direktiven über die Gewerbefreiheit als insoweit nicht mehr für anwendbar zu erklären, als sie im Widerspruch zur neuen Handwerksordnung standen.

dem 23. September 1953 im Bundesgesetzblatt verkündet werden[70]. Sie trat am Tag nach der Verkündung in der Bundesrepublik einschließlich des Landes Berlin in Kraft[71].

Die getroffenen Regelungen über die Innungen wurden inhaltlich auch bei den Überarbeitungen der Handwerksordnung, insbesondere in der Neufassung von 1965 (HwO-65)[72] und der Handwerksnovelle 1993[73], beibehalten. Die Regelung über die freiwillige Mitgliedschaft in den Innungen findet sich heute in § 52 Abs. 1 S. 1 HwO, die Regelung der Rechtsform der Handwerksinnung als Körperschaft des öffentlichen Rechts in § 53 S. 1 HwO und der Aufgabenkatalog in § 54 HwO.

b) Rechtsnatur und Mitgliedschaft

Wie bereits erwähnt, sind die Handwerksinnungen gem. § 53 S. 1 HwO Körperschaften des öffentlichen Rechts. Im Regelfall handelt es sich um eine sog. Mitgliedskörperschaft, bei der alle Mitglieder durch das Forum der Mitgliederversammlung unmittelbar an der Willensbildung der Körperschaft beteiligt sind[74]. Nur wenn gem. § 61 Abs. 1 S. 3 HwO in der Satzung der Innung die Bildung einer Vertreterversammlung vorgesehen wird, stellt die jeweilige Innung eine Repräsentativkörperschaft dar, bei der das einzelne Mitglied lediglich mittelbar über die Wahl der Vertreter an der Willensbildung beteiligt ist.

Gegründet werden kann eine Handwerksinnung gem. § 52 Abs. 1 HwO von selbständigen Handwerkern des gleichen Handwerks oder solcher Handwerke, die sich fachlich oder wirtschaftlich nahestehen, zur Förderung ihrer gemeinsamen gewerblichen Interessen innerhalb eines bestimmten Bezirkes. Für jedes Handwerk kann in dem gleichen Bezirk nur eine Handwerksinnung gebildet werden[75]. Der Innungsbezirk soll sich nicht über den Bezirk einer Handwerkskammer hinaus erstrecken[76]. Wie oben in Bezug auf die Handwerkskammern bereits erwähnt wurde, ist der Begriff „selbständiger Handwerker" in § 1 Abs. 1 HwO legaldefiniert. Entscheidendes Kriterium ist, ob die natürliche oder juristische Person oder

---

[70] BGBl. I 1953, 1411.
[71] Vgl. §§ 124, 125 HwO 1953.
[72] BGBl. I 1965, 1254.
[73] Gesetz zur Änderung der Handwerksordnung, anderer handwerksrechtlicher Vorschriften und des Berufsbildungsgesetzes, BGBl. I 1993, 2256.
[74] *Musielak/Detterbeck*, Das Recht des Handwerks, 3. Aufl. 1995, § 53 Rn. 1.
[75] § 52 Abs. 1 S. 2, Hs. 1 HwO.
[76] § 52 Abs. 3 S. 1 HwO.

die Personengesellschaft in die Handwerksrolle eingetragen ist[77]. §§ 58, 59 HwO regeln hingegen, wer Mitglied einer bestehenden Handwerksinnung werden kann. Dazu ist gem. § 58 Abs. 1 HwO jeder selbständige Handwerker berechtigt, der das Handwerk ausübt, für welches die Handwerksinnung gebildet ist. Nach § 59 HwO kann die Handwerksinnung solche Personen als Gastmitglieder aufnehmen, die dem Handwerk, für das die Innung gebildet ist, beruflich oder wirtschaftlich nahestehen.

Festzuhalten bleibt, daß der potentielle Mitgliederkreis von Handwerkskammern und –innungen teilidentisch ist. Die selbständigen Handwerker sind Pflichtmitglieder der Handwerkskammer ihres Handwerkskammerbezirks und fakultative Mitglieder der jeweils fachlich einschlägigen Handwerksinnung. Gesellen, andere Arbeitnehmer mit einer abgeschlossenen Berufsausbildung und Lehrlinge dieser Gewerbetreibenden sind hingegen nur Mitglieder der zuständigen Handwerksammer.

c) Aufgaben und Befugnisse

aa) Grundlagen

Aufgabe der Handwerksinnung ist gem. § 54 Abs. 1 S. 1 HwO, die gemeinsamen gewerblichen Interessen ihrer Mitglieder zu fördern. Diese Generalklausel wird durch die in den verschiedenen Absätzen des § 54 HwO genannten einzelnen Aufgaben präzisiert. Bei den genannten Aufgaben unterscheidet das Gesetz im Hinblick auf die Frage, ob es sich um Pflichtaufgaben oder aber um freiwillige Aufgaben handelt, drei Kategorien:

Die in § 54 Abs. 1 S. 2 HwO aufgeführten Maßnahmen muß die Innung auf jeden Fall durchführen, um ihren gesetzlichen Auftrag zur Förderung der gemeinsamen Interessen ihrer Mitglieder zu erfüllen. Die Formulierung „insbesondere" bringt dabei zum Ausdruck, daß die Innung über die ausdrücklich genannten Aufgaben hinaus zu weiteren Maßnahmen verpflichtet sein kann. Denkbar sind etwa Pflichtaufgaben kraft Delegierung durch die Handwerkskammern wie z.B. im Kfz-Handwerk die Anerkennung von Fachbetrieben zur Durchführung der Abgasuntersuchung, die von zahlreichen Handwerkskammern auf die zuständigen Innungen übertragen worden ist[78].

---

[77] *Musielak/Detterbeck*, a.a.O., § 52 Rn. 6.
[78] *Webers*, in: Aberle, HwO, § 54 Rn. 6 (zur früheren Abgassonderuntersuchung).

Auch die in § 54 Abs. 2 HwO genannten Sollaufgaben zählen zu den Pflichtaufgaben[79]. Die Innung ist prinzipiell verpflichtet, sie durchzuführen, und muß sie gewissenhaft ausführen. Anders als bei den Aufgaben des Abs. 1 kann die Innung allerdings aus wichtigem Grund von der Durchführung absehen[80]. § 54 Abs. 3 HwO enthält die freiwilligen Aufgaben, die die Handwerksinnung wahrnehmen „kann". Soweit die Wahrnehmung einer der genannten „freiwilligen" Aufgaben im Einzelfall zur Förderung der gemeinsamen gewerblichen Interessen der Innungsmitglieder unbedingt erforderlich ist, besteht für die Innung eine Pflicht zur Ausübung. Die in § 54 Abs. 4 HwO genannte Kompetenz zur Wahrnehmung sonstiger Maßnahmen zur Förderung der gemeinsamen gewerblichen Interessen der Innungsmitglieder ist letztlich selbstverständlich, ergibt doch bereits der Wortlaut der Abs. 1-3, daß die Aufzählung nicht abschließend ist[81].

bb) Die Aufgaben gem. § 54 Abs. 1 HwO

§ 54 Abs. 1 HwO weist den Handwerksinnungen folgende Aufgaben zu:

- Die gemeinsamen gewerblichen Interessen ihrer Mitglieder zu fördern, ist nach der Generalklausel des § 54 Abs. 1 S. 1 HwO die allgemeine Aufgabe der Handwerksinnungen. Erfaßt sind damit alle Maßnahmen, die geeignet sind, dem Körperschaftszweck zu dienen[82]. Die in § 54 Abs. 2 S. 2 HwO aufgelisteten Maßnahmen sind letztlich nur konkrete Ausformungen dieser allgemeinen Interessenförderungsaufgabe.
- Die Pflege des Gemeingeistes und der Berufsehre (§ 54 Abs. 1 S. 2 Nr. 1 HwO) im Sinne eines modernen, dem heutigen Wirtschaftsleben zugewandten Interessensausgleichs zwischen den einzelnen Innungsmitgliedern untereinander und zwischen ihnen und ihren Kunden[83].
- Ein gutes Verhältnis zwischen Meistern, Gesellen und Lehrlingen anzustreben (§ 54 Abs. 1 S. 2 Nr. 2 HwO), was insbesondere durch den bei

---

[79] *Musielak/Detterbeck*, Das Recht des Handwerks, 3. Aufl. 1995, § 54 Rn. 3, 20; *Webers*, in: Aberle, HwO, § 54 Rn. 7, 21.
[80] *Musielak/Detterbeck*, a.a.O., § 54 Rn. 3, 20; *Webers*, a.a.O., § 54 Rn. 7, 21.
[81] *Musielak/Detterbeck*, Das Recht des Handwerks, 3. Aufl. 1995, § 54 Rn. 28; *Webers*, in: Aberle, HwO, § 54 Rn. 8 spricht von einem Auffangtatbestand, der besser als Ziff. 4 in Abs. 3 hätte aufgenommen werden sollen.
[82] *Webers*, a.a.O., § 54 Rn. 4.
[83] *Musielak/Detterbeck*, a.a.O., § 54 Rn. 7.

der Innung zu errichtenden Gesellenausschuß (§§ 68 ff. HwO) verfolgt werden kann[84].

- Entsprechend den Vorschriften der Handwerkskammer die Lehrlingsausbildung zu regeln und zu überwachen sowie für die berufliche Ausbildung der Lehrlinge zu sorgen und ihre charakterliche Entwicklung zu fördern (§ 54 Abs. 1 S. 2 Nr. 3 HwO). Insoweit ist schon vom Gesetzeswortlaut her eine Verzahnung mit den Aufgabenbereichen der Handwerkskammer angestrebt. Die Handwerksinnung kann insoweit Regelungen über die Lehrlingsausbildung treffen, als nicht die Handwerkskammern gem. § 91 Abs. 1 Nr. 4 HwO entsprechende Vorschriften erlassen haben[85]. Die Überwachung der Lehrlingsausbildung obliegt sowohl den Handwerkskammern (§ 41a HwO) als auch den Handwerksinnungen[86]. Im übrigen hat die Innung zur Förderung der Berufsausbildung einen Ausschuß zu bilden, der mit den die Berufsbildung betreffenden Fragen zu befassen ist (§ 67 Abs. 2 HwO)[87]. Die Handwerksinnung kann für die technische und gewerbliche Ausbildung der Lehrlinge Einrichtungen in Gestalt von Lehrlingsheimen, Schulungs- und Ausbildungsstätten etc. errichten und betreiben[88].
- Die Gesellenprüfungen abzunehmen und hierfür Gesellenprüfungsausschüsse einzurichten, sofern sie von der Handwerkskammer dazu ermächtigt ist (§ 54 Abs. 1 Nr. 4 HwO). Insofern besteht nach dem Gesetzeswortlaut eine gestufte Zuständigkeit der Handwerkskammer und der Handwerksinnung. Nur wenn eine Ermächtigung der Handwerkskammer vorliegt, darf die Handwerksinnung insoweit tätig werden.
- Das handwerkliche Können der Meister und Gesellen zu fördern; zu diesem Zweck kann sie inbesondere Fachschulen errichten oder unterstützen und Lehrgänge veranstalten (§ 54 Abs. 1 Nr. 5 HwO). Die Errichtung bzw. Unterstützung von Fachschulen (die hier sehr weit im Sinne aller Einrichtungen, die der Ausbildung und Fortbildung dienen, zu verstehen sind) und die Veranstaltung von Lehrgängen sind nur Bei-

---

[84] *Musielak/Detterbeck*, Das Recht des Handwerks, 3. Aufl. 1995, § 54 Rn. 8.
[85] *Fröhler*, Das Recht der Handwerksinnung, 1959, S. 106; *Webers*, in: Aberle, HwO, § 54 Rn. 13; *Musielak/Detterbeck*, Das Recht des Handwerks, 3. Aufl. 1995, § 54 Rn. 9; *Honig*, HwO, 2. Aufl. 1999, § 54 Rn. 16.
[86] Nach *Webers*, a.a.O., § 54 Rn. 13 sowie *Honig*, a.a.O., § 54 Rn. 17 obliegt die Überwachung primär den Handwerkskammern, allerdings hätten auch die Innungen ein Überwachungsrecht.
[87] *Musielak/Detterbeck*, a.a.O., § 54 Rn. 9; *Webers*, a.a.O., § 54 Rn. 13.
[88] *Fröhler*, a.a.O., S. 115; *Webers*, a.a.O., § 54 Rn. 13; *Honig*, a.a.O., § 54 Rn. 18; *Musielak/Detterbeck*, a.a.O., § 54 Rn. 9.

spiele für die vielfältigen Möglichkeiten, das handwerkliche Können von Meistern und Gesellen zu fördern. Weitere Möglichkeiten sind z.B. auch die Veranstaltung von Vorträgen, Fachtagungen und Ausstellungen, die Durchführung von Leistungswettbewerben und die Ausschreibung von Preisen für vorbildliche Handwerksarbeiten. Auch in diesem Bereich können Maßnahmen der Innung mit solchen der Kammer verzahnt sein, etwa wenn die Innung eine von der Handwerkskammer errichtete Fachschule unterstützt.

- Eine Mitwirkung bei der Verwaltung der Berufsschulen gemäß den bundes- und landesrechtlichen Bestimmungen (§ 54 Abs. 1 Nr. 6 HwO). Insofern hängt nicht nur die prinzipielle Möglichkeit der Innungen zur Mitwirkung, sondern auch Art und Umfang der Mitwirkung von der Existenz einer entsprechenden Regelung in den landesrechtlichen Bestimmungen über die Unterrichtsverwaltung ab[89].
- Das Genossenschaftswesen im Handwerk zu fördern (§ 54 Abs. 1 Nr. 7 HwO). Die Innung kann ihre Mitglieder hier z.B. über die verschiedenen Arten und Funktionen von Genossenschaften einschließlich der jeweiligen Vor- und Nachteile für den angestrebten Zweck informieren und entsprechende Anregungen geben[90]. Insofern bestehen wiederum Berührungspunkte zu den Aufgabenbereichen der Handwerkskammern, die gem. § 91 Abs. 1 Nr. 9 HwO das Genossenschaftswesen fördern.
- Den Behörden Gutachten und Auskünfte über Angelegenheiten der in ihr vertretenen Handwerke zu erstatten (§ 54 Abs. 1 S. 2 Nr. 8 HwO). Diese Ausprägung der allgemeinen Rechts- und Amtshilfepflicht der Behörden (vgl. Art. 35 GG, §§ 4 ff. VwVfG) besteht gegenüber allen Bundes- und Landesbehörden, Gerichten und Körperschaften wie z.B. Handwerkskammern oder anderen Innungen. Berührungspunkte zum Aufgabenbereich der Handwerkskammern bestehen hier insbesondere zur Gutachten- und Berichterstattung durch die Kammern nach § 91 Abs. 1 Nr. 2 HwO.
- Die Unterstützung sonstiger handwerklicher Organisationen und Einrichtungen in der Erfüllung ihrer Aufgaben (§ 54 Abs. 1 S. 2 Nr. 9 HwO). Erfaßt sind hier alle Institutionen, deren Zweck die Wahrung und Förderung handwerklicher Interessen ist. Außer den in der HwO genannten Organisationen umfaßt dies z.B. auch den Zentralverband des Deutschen Handwerks, den Deutschen Handwerkskammertag, die Bundesvereinigung der Fachverbände des deutschen Handwerks und die

---

[89] *Musielak/Detterbeck*, Das Recht des Handwerks, 3. Aufl. 1995, § 54 Rn. 14.
[90] *Honig*, HwO, 2. Aufl. 1999, § 54 Rn. 26; *Webers*, in: Aberle, HwO, § 54 Rn. 17.

in der Rechtsform des eingetragenen Vereins gebildeten Fachverbände auf Bundes- und Landesebene[91].
- Die Durchführung der von der Handwerkskammer innerhalb ihrer Zuständigkeit erlassenen Vorschriften und Anordnungen (§ 54 Abs. 1 S. 2 Nr. 10 HwO). Insofern sind die Aufgabenkreise von Handwerkskammer und Handwerksinnung hierarchisch verzahnt, da sich die Handwerkskammer zum Vollzug ihrer Vorschriften und Einzelanweisungen der Innungen ihres Bezirks bedienen und hierbei Art und Weise der Durchführung bestimmen kann, soweit die Handwerkskammer zum Erlaß der entsprechenden Rechtsakte zuständig ist[92].

cc) Die Aufgaben gem. § 54 Abs. 2 HwO

§ 54 Abs. 2 HwO weist den Handwerksinnungen die folgenden Aufgaben zu:
- Die Schaffung und Förderung von Einrichtungen zur Verbesserung der Arbeitsweise und der Betriebsführung zwecks Erhöhung der Wirtschaftlichkeit der Betriebe ihrer Mitglieder (§ 54 Abs. 2 Nr. 1 HwO). Diese Aufgabe trägt im Rahmen der finanziellen Möglichkeiten der Innung die Einrichtung fester Stellen mit entsprechenden Mitarbeitern, aber auch losere Formen wie gelegentliche Kurse oder Vorträge[93].
- Die Beratung der Vergabestellen bei der Vergabe öffentlicher Lieferungen und Leistungen (§ 54 Abs. 2 Nr. 2 HwO).
- Die Unterstützung des handwerklichen Pressewesens (§ 54 Abs. 2 Nr. 3 HwO).

dd) Die Aufgaben gem. § 54 Abs. 3 HwO

Gem. § 54 Abs. 3 HwO können die Handwerksinnungen die folgenden Aufgaben wahrnehmen:

- Abschluß von Tarifverträgen, soweit und solange solche Verträge nicht durch den Innungsverband für den Bereich der Handwerksinnung geschlossen sind (§ 54 Abs. 3 Nr. 1 HwO). Von der mit dieser Regelung gesetzlich anerkannten Tariffähigkeit machen die Innungen in der

---

[91] *Fröhler*, Das Recht der Handwerksinnung, 1959, S. 114; *Musielak/Detterbeck*, Das Recht des Handwerks, 3. Aufl. 1995, § 54 Rn. 18.
[92] *Musielak/Detterbeck*, a.a.O., § 54 Rn. 19.
[93] *Honig*, HwO, 2. Aufl. 1999, § 54 Rn. 37.

Praxis kaum Gebrauch, da regelmäßig die Landesinnungsverbände (vgl. § 82 S. 2 Nr. 3 HwO) die Funktion als Tarifpartner wahrnehmen[94].
- Die Errichtung von Unterstützungskassen für ihre Mitglieder und deren Angehörige für Fälle der Krankheit, des Todes, der Arbeitsunfähigkeit oder sonstiger Bedürftigkeit (§ 54 Abs. 3 Nr. 2 HwO). Wie im Abschnitt über die Aufgaben der Handwerkskammern ausgeführt wurde, besteht insofern eine Überschneidung mit der Aufgabe der Kammern aus § 91 Abs. 1 Nr. 13 HwO, Maßnahmen zur Unterstützung notleidender Handwerker sowie Gesellen und anderer Arbeitnehmer mit einer abgeschlossenen Berufsausbildung zu treffen oder zu unterstützen.

ee) Errichtung von Innungskrankenkassen gem. § 54 Abs. 5 HwO

Die Errichtung und die Rechtsverhältnisse von Innungskrankenkassen richtet sich nach den hierfür geltenden bundesrechtlichen Vorschriften (§ 54 Abs. 5 HwO). Einschlägig sind insbesondere die §§ 157 ff. SGB V. Die Innungen können unter den dort im einzelnen genannten Voraussetzungen mit Zustimmung der Gesellenausschüsse Innungskrankenkassen einrichten.

3. Die staatliche duale Ordnung des Handwerks in funktionaler Sicht: Teilidentität der Aufgabenfelder von Handwerkskammern und Handwerksinnungen

Die Betrachtung der einzelnen den Handwerkskammern einerseits und den Handwerksinnungen andererseits übertragenen Aufgabenbereiche hat bereits deutlich gemacht, daß der Gesetzgeber die jeweiligen Aufgabenbereiche nicht trennscharf voneinander geschieden hat. Die historisch begründete staatliche duale Ordnung des Handwerkswesens hat vielmehr zu einem funktionalen Nebeneinander von Kammern und Innungen geführt, in dessen Rahmen es in verschiedenen Bereichen zu substantiellen Überschneidungen und Verzahnungen der Aufgabenbereiche kommt.
Schon in vielen der gesetzlich aufgezählten Aufgabenbereiche bestehen offensichtliche Berührungspunkte zwischen den Aufgabenfeldern von Handwerkskammern und Handwerksinnungen. Ohne daß hier erneut sämtliche betroffenen Aufgabenbereiche aufgezählt werden sollen, seien die folgenden Aufgabenbereiche exemplarisch genannt:

---

[94] *Musielak/Detterbeck*, Das Recht des Handwerks, 3. Aufl. 1995, § 54 Rn. 24.

- Zu substantiellen Überschneidungen der Aufgabenbereiche kommt es im wichtigen Feld der Berufsbildung, das in besonderem Maße Ausdruck der berufsständischen Selbstverwaltungsaufgabe von Handwerkskammern und Handwerksinnungen ist. Die Handwerkskammern regeln gem. § 91 Abs. 1 Nr. 4 HwO im Rahmen der staatlichen Vorschriften die Berufsausbildung (§ 41 HwO) und überwachen ihre Durchführung (§ 41a HwO). Die Handwerksinnungen regeln und überwachen ihrerseits entsprechend den Vorschriften der Handwerkskammer die Lehrlingsausbildung. Sie sorgen für die berufliche Ausbildung der Lehrlinge und fördern ihre charakterliche Entwicklung (§ 54 Abs. 1 S. 2 Nr. 3 HwO). Die Aufgabenbereiche der Handwerkskammern und der Handwerksinnungen sind also im Hinblick auf die Rechtsetzung für den Bereich der Berufsausbildung hierarchisch miteinander verzahnt[95], da die Innungen nur insoweit tätig werden dürfen, als nicht die Handwerkskammern gem. § 91 Abs. 1 Nr. 4 HwO entsprechende Vorschriften erlassen haben[96]. Die Überwachung der Lehrlingsausbildung obliegt sowohl den Handwerkskammern (§ 41a HwO) als auch den Handwerksinnungen[97]. Das Verhältnis der Aufgabenwahrnehmung zwischen Kammern und Innungen ist insofern nicht hierarchisch in dem Sinne, daß die Innungen nur tätig werden dürften, wenn die Kammern nicht tätig werden. Zwar bringt die HwO insbesondere durch die Regelung des § 41 zum Ausdruck, daß sie die Überwachung der Berufsausbildung durch die Handwerkskammern als Regelfall ansieht. Dem läßt sich aber nicht entnehmen, daß die Handwerksinnungen, denen die Überwachung der Lehrlingsausbildung gem. § 54 Abs. 1 Nr. 3 HwO übertragen ist, nur bei Nichtaktivität der Handwerkskammern tätig werden dürften. Insofern kann es daher im Bezug auf die Überwachung der Lehrlingsaus-

---

[95] Eine vergleichbare hierarchische Verzahnung im Bereich Berufsbildungs-/Prüfungswesen besteht ausdrücklich gem. § 91 Abs. 1 Nr. 5 HwO, wonach die Handwerkskammern Gesellenprüfungsordnungen für die einzelnen Handwerke erlassen, Prüfungsausschüsse für die Abnahme der Gesellenprüfungen errichten oder aber Handwerksinnungen ermächtigen, Gesellenprüfungsausschüsse zu errichten und die ordnungsmäßige Durchführung der Gesellenprüfungen zu überwachen.

[96] *Fröhler*, Das Recht der Handwerksinnung, 1959, S. 106; *Webers*, in: Aberle, HwO, § 54 Rn. 13; *Musielak/Detterbeck*, Das Recht des Handwerks, 3. Aufl. 1995, § 54 Rn. 9; *Honig*, HwO, 2. Aufl. 1999, § 54 Rn. 16.

[97] Nach *Webers*, a.a.O., § 54 Rn. 13 sowie *Honig*, a.a.O., § 54 Rn. 17 obliegt die Überwachung primär den Handwerkskammern, allerdings hätten auch die Innungen ein Überwachungsrecht.

bildung durchaus zu einer parallelen Aktivität von Handwerkskammern und Handwerksinnungen kommen.
- Im Hinblick auf die technische und betriebswirtschaftliche Fortbildung der Meister und Gesellen zur Erhaltung und Steigerung der Leistungsfähigkeit des Handwerks haben die Handwerkskammern gem. § 91 Abs. 1 Nr. 7 HwO zwar nicht mit den Innungen, aber mit mit den Innungsverbänden zusammenzuarbeiten. Hier besteht nach der gesetzlichen Regelung keine hierarchische Verzahnung der Aufgabenbereiche, sondern ein Verhältnis gleichgeordneter Kooperation zwischen Kammern und Innungsverbänden.
- Während die Handwerkskammern gem. § 91 Abs. 1 Nr. 9 HwO die wirtschaftlichen Interessen des Handwerks und die ihnen dienenden Einrichtungen, insbesondere das Genossenschaftswesen zu fördern haben, obliegt es den Handwerksinnungen gem. § 54 Abs. 1 Nr. 7 HwO, das Genossenschaftswesen im Handwerk zu fördern. Die Förderung des Genossenschaftswesens als möglicher Organisationsform von Handwerksbetrieben gehört damit parallel sowohl zum Aufgabenbereich der Handwerkskammern als auch der Handwerksinnungen.

Zu den konkreten Berührungspunkten der einzelnen gesetzlichen Aufgabenfelder von Handwerkskammern und Handwerksinnungen kommt eine weitgehende Überschneidung der allgemeinen Aufgabenzuweisung hinzu. Wie oben ausgeführt, sind die einzelnen gesetzlichen Aufgabenzuweisungen an Kammern und Innungen nicht abschließend, sondern lediglich exemplifizierende Ausformungen der allgemeinen Aufgabenzuweisungsnorm.

Für die Kammern besteht die grundlegende Aufgabenzuweisung gem. § 91 Abs. 1 Nr. 1 HwO darin, die Interessen des Handwerks zu fördern. Wie bereits ausgeführt, sind die Handwerkskammern gem. § 91 Abs. 1 Nr. 1 i.V.m. § 90 HwO berechtigt, alle rechtlich zulässigen Maßnahmen zu ergreifen, die dem wirtschaftlichen oder ideellen Interesse des Gewerbezweiges „Handwerk" und der dort tätigen Personen dienen[98]. Die gemeinsamen gewerblichen Interessen ihrer Mitglieder zu fördern, ist nach der Generalklausel des § 54 Abs. 1 S. 1 HwO die allgemeine Aufgabe der Handwerksinnungen. Zählen damit letztlich alle Maßnahmen, die geeignet sind, dem Körperschaftszweck zu dienen, zum Aufgabenbereich der Handwerksinnungen[99], ist evident, daß diese allgemeine Aufgabenzuweisung

---
[98] *Musielak/Detterbeck*, Das Recht des Handwerks, 3. Aufl. 1995, § 91 Rn. 10.
[99] *Webers*, in: Aberle, HwO, § 54 Rn. 4.

sich mit der oben beschriebenen Grundaufgabe der Handwerkskammern weitgehend überschneidet. Die Förderung der gemeinsamen gewerblichen Interessen der Mitglieder durch die Innungen stellt letztlich eine Teilmenge der weiter gefaßten Förderung der Interessen des Handwerks dar.

Enger gefaßt ist der Aufgabenbereich der Innungen zum einen durch die ausdrückliche Begrenzung auf die gewerblichen Interessen und zum anderen dadurch, daß die Innungen grundsätzlich nur für solche Maßnahmen die Kompetenz besitzen, die den Mitgliedern der jeweiligen Handwerksinnung zugute kommen, wobei die Grenze – im Hinblick auf die Auswirkung solcher Maßnahmen – allerdings weit zu ziehen ist[100]. Eine weitere Trennung der Aufgabenbereiche der Kammern einerseits und Innungen andererseits liegt dort vor, wo bestimmte Aufgaben ausdrücklich bestimmten Behörden zugewiesen sind. So könnte die Führung der Handwerksrolle theoretisch auch unter die allgemeine Aufgabenzuweisung der Handwerksinnungen zu fassen sein. Diese Aufgabe wurde aber gesetzlich den Kammern zugewiesen, die daher hierfür alleine kompetent sind[101].

Insgesamt läßt sich daher konstatieren, daß einige Aufgabenbereiche gesetzlich eindeutig entweder den Handwerkskammern oder aber den Handwerksinnungen übertragen sind. In anderen Bereichen überschneiden sich die Aufgabenfelder von Handwerkskammern und Handwerksinnungen aber weitgehend. Zum Teil ist hier eine hierachische Verzahnung in dem Sinne angeordnet, das die Innungen tätig werden dürfen, solange und soweit die Handwerkskammern eine entsprechende (insbesondere rechtsetzende) Funktion nicht wahrgenommen haben. Daneben gibt es allerdings sowohl in den ausdrücklich geregelten Aufgabenfeldern als auch im Bereich der allgemeinen Aufgabenzuweisung weite Überschneidungen von Aufgaben, in denen eine Parallelkompetenz von Kammern und Innungen besteht. Da den Kammern gem. § 91 Abs. 1 Nr. 1 HwO die allgemeiner gefaßte Aufgabe der Förderung der Interessen des Handwerks übertragen wurde, besteht insofern die Möglichkeit, daß die Kammern gerade jenseits der Spezialzuweisungen letztlich alle Aufgaben wahrnehmen können, die auch von der allgemeinen Aufgabenzuweisung der Innungen gedeckt sind.

---

[100] *Webers*, in: Aberle, HwO, § 54 Rn. 4.
[101] *Webers*, in: Aberle, HwO, § 54 Rn. 4.

C. Erfüllung öffentlicher Aufgaben und staatliche Funktions- und Finanzgewährleistungspflicht gegenüber den Handwerksinnungen

I. Die öffentlichen Aufgaben der Handwerksinnungen

1. Ausgangspunkt

Wie oben im einzelnen dargelegt, nehmen sowohl die Handwerkskammern als auch die Handwerksinnungen als Körperschaften des öffentlichen Rechts zahlreiche gesetzlich zugewiesene Aufgaben wahr. Im weiteren stellt sich die Frage, ob der Staat verpflichtet ist, die Innungen in die Lage zu versetzen, die ihnen zugewiesenen Aufgaben effektiv wahrzunehmen (unten II.). Wesentlicher Inhalt einer solchen staatlichen Funktionsgewährleistungspflicht wäre die staatliche Sicherstellung einer Finanzausstattung, die den Innungen eine auftragsgerechte Aufgabenwahrnehmung ermöglicht.

Die Beantwortung der den Gegenstand dieser Untersuchung bildenden Fragen der Zulässigkeit einer gesetzlichen Anordnung der Innungspflichtmitgliedschaft (unten D II), der Pflicht zu einer solchen Rechtsformangleichung (unten D III) sowie des Rechtsgebots eines Kammerbeitrags-Bonussystems für Innungsmitglieder (unten E) hängt zwar nicht ausschließlich von der Existenz einer staatlichen Funktions- und Finanzgewährleistungspflicht gegenüber den Handwerksinnungen ab. Zulässigkeit einer Innungspflichtmitgliedschaft und ggf. Pflicht zur Rechtsformangleichung und/oder Gebot eines Kammerbeitrags-Bonussystems für Innungsmitglieder könnten jedoch Folge einer solchen staatlichen Funktions- und Finanzgewährleistungspflicht sein. Maßgeblich für die Beantwortung der Frage nach der Existenz einer staatlichen Funktions- und Gewährleistungspflicht gegenüber den Innungen sind wiederum die Stellung und die Aufgaben der Handwerksinnungen innerhalb des staatlichen Ordnungssystems des Handwerks.

2. Interessenvertretung als öffentliche Aufgabe

Die gegenwärtige staatliche duale Ordnung des Handwerks weist sowohl den Handwerkskammern als auch den Handwerksinnungen als öffentliche Grundaufgabe die Vertretung der Interessen des Handwerks zu. Während den Handwerkskammern gem. § 90 Abs. 1 HwO die Aufgabe obliegt, die

Interessen des gesamten Handwerks zu vertreten, ist die Aufgabe der Innungen gem. §§ 52 Abs. 1 S. 1, 54 Abs. 1 S. 1 HwO auf die Förderung der gemeinsamen gewerblichen Interessen ihrer Mitglieder, d. h. eines ganz bestimmten Handwerks und benachbarter Handwerke beschränkt. Damit ergänzen sich die Aufgaben von Handwerkskammern und Handwerksinnungen, wobei Überschneidungen vom Gesetzgeber wenn nicht sogar gewollt sind, so doch zumindest akzeptiert werden. Die gesetzliche Anordnung sowohl einer makroökonomischen Interessenvertretung des Handwerks durch die Kammern als auch einer mikroökonomischen Interessenförderung der einzelnen Handwerke durch die Innungen stellt eine umfassende und effektive Förderung der Vertretung der Interessen des Handwerks sicher. Zugleich dokumentiert diese gesetzliche Regelung den hohen Stellenwert, den der Staat dem Handwerk beimißt.

Bei einer ausschließlich funktionalen Betrachtungsweise handelt es sich bei der Förderung gewerblicher und sonstiger Interessen einzelner Berufe oder Wirtschaftszweige um die Wahrnehmung primär privater Interessen[102]. Dieser Umstand spricht prima facie gegen eine Funktions- und Finanzgewährleistungspflicht des Staates gegenüber den Handwerksinnungen und auch gegenüber den Handwerkskammern. Auch gegenüber den verschiedenen privaten Wirtschafts- und Berufsverbänden, deren Aufgabe in der Wahrnehmung der wirtschaftlichen Interessen ihrer Mitglieder besteht, existiert keine solche staatliche Gewährleistungspflicht. Im Unterschied zu diesen privatrechtlichen Zusammenschlüssen im Bereich des Wirtschaftslebens sind aber sowohl die Handwerkskammern als auch die Handwerksinnungen Körperschaften und damit juristische Personen des öffentlichen Rechts (§§ 53 Abs. 1 S. 1, 90 Abs. 1 HwO). Auf den Umstand, daß § 90 Abs. 2 HwO die Pflichtmitgliedschaft in den Handwerkskammern anordnet, während die Mitgliedschaft in den Handwerksinnungen gem. § 52 Abs. 1 S. 1 HwO freiwillig ist, kommt es in diesem Zusammenhang noch nicht an. Beide Körperschaften erfüllen gesetzlich zugewiesene Aufgaben, deren primärer Zweck in der Interessenvertretung besteht (§§ 52 Abs. 1 S. 1, 54 Abs. 1 S. 1, 90 Abs. 1 HwO).

Eine staatliche Funktions- und Finanzgewährleistungspflicht gegenüber den Handwerksinnungen – wie auch gegenüber den Handwerkskammern – kommt grundsätzlich nur dann in Betracht, wenn diese nicht nur private Aufgaben erfüllen. Abgesehen von etwaigen grundrechtlich unterlegten Schutzpflichten, denen zudem prinzipiell keine subjektiven öffentlichen Schutzansprüche korrespondieren, obliegen dem Staat gegenüber nichtöf-

---

[102] Dazu *Bull*, Die Staatsaufgaben nach dem Grundgesetz, 1977, S. 52, 375.

fentlich-rechtlichen, im gesellschaftlichen Bereich verwurzelten Einrichtungen keine originären Leistungspflichten – und zwar unabhängig von der Rechtsnatur der Aufgaben, die diese Einrichtungen wahrnehmen. Eben deshalb läßt sich allein mit dem Hinweis auf die – angebliche – öffentliche Aufgabe der Presse[103] keine ihr gegenüber bestehende staatliche Funktions- und Gewährleistungspflicht begründen[104]. Umgekehrt griffe der Schluß allein von der Rechtsform der Handwerksinnungen als Körperschaften des öffentlichen Rechts auf eine ihnen gegenüber bestehende derartige staatliche Pflicht zu kurz. Zwar werden die Körperschaften des öffentlichen Rechts gemeinhin der mittelbaren Staatsverwaltung zugerechnet[105]; auch wird die gesetzliche Aufgabenbeschreibung auf die Zuweisung öffentlicher Aufgaben beschränkt[106]. Die Aufgabenstruktur gerade der Handwerksinnungen – wie auch der Handwerkskammern – ist jedoch ambivalent und bedarf einer genaueren Analyse.

Daß die Handwerksinnungen öffentliche Aufgaben erfüllen, wurde früher mit dem Hinweis auf ihre primäre Aufgabe der Interessenvertretung bezweifelt[107]. Trotz aller Schwierigkeiten, den Begriff der öffentlichen Aufgabe näher zu definieren, ist mittlerweile weitgehend anerkannt, daß dem Staat insoweit ein weiter Einschätzungsspielraum zusteht[108]. So ist der Staat nicht nur berechtigt und verpflichtet, die ihm verfassungsrechtlich ausdrücklich zugewiesenen Aufgaben, die daher von Verfassungs wegen öffentlich sind, zu erfüllen. Vielmehr ist der Staat auch berechtigt, solche Aufgaben zu übernehmen, an deren Erfüllung ein besonderes, gesteigertes

---

[103] *Ricker*, Die öffentliche Aufgabe der Presse, 1973; *Ridder*, Die öffentliche Aufgabe der Presse im System des deutschen Verfassungsrechts, 1962; BVerfGE 20, 162 (175) setzt den Terminus „öffentliche Aufgabe" der Presse in Anführungszeichen.

[104] Abzustellen ist vielmehr auf die grundrechtlichen Schutzpflichten des Staates, BVerfGE 20, 162 (176); 80, 124 (133).

[105] *Burgi*, in: Erichsen/Ehlers, Allgemeines Verwaltungsrecht, 12. Aufl. 2002, § 53 Rn. 11 f.; *Maurer*, Allgemeines Verwaltungsrecht, 14. Aufl. 2002, § 23 Rn. 1; *Bull*, Allgemeines Verwaltungsrecht, 6. Aufl. 2000 Rn. 168; *Peine*, Allgemeines Verwaltungsrecht, 6. Aufl. 2002 Rn. 34.

[106] *Maurer*, a.a.O., § 23 Rn. 37, 42; *Bull*, Die Staatsaufgaben nach dem Grundgesetz, 1973, S. 374 f.; *Scheuner*, in: Gedächtnisschrift H. Peters, 1967, S. 811 f.

[107] *Brohm*, Strukturen der Wirtschaftsverwaltung, 1969, S. 166; ebenso zu den Handwerkskammern *Bull*, a.a.O., S. 52, 375.

[108] Siehe nur *H. P. Ipsen*, Öffentliche Subventionierung Privater, 1956, S. 65; *H. Peters*, in: FS H. C. Nipperdey, Bd. 2, 1965, S. 878; *Leisner*, Werbefernsehen und öffentliches Recht, 1967, S. 257; *Martens*, Öffentlich als Rechtsbegriff, 1969, S. 117; *Scheuner*, a.a.O., S. 802; *Fröhler*, in: FS Broermann, 1982, S. 688; *Wolff/Bachof/Stober*, Allgemeines Verwaltungsrecht I, 11. Aufl. 1999, § 2 Rn. 15; zuletzt umfassend *Uerpmann*, Das öffentliche Interesse, 1999, S. 141 ff.

öffentliches Interesse besteht. Dies können insbesondere auch solche Angelegenheiten sein, die bislang eigenverantwortlich von Privaten erledigt wurden[109]. Letztlich liegt es in der Kompetenz des Staates – und zwar primär des Gesetzgebers –, die Wahrnehmung solcher Interessen, denen er in vertretbarer Weise den Rang eines wichtigen Gemeinschaftsinteresses beimißt, zur öffentlichen Aufgabe zu erklären[110] und die zu ihrer Erfüllung erforderlichen öffentlich-rechtlichen organisatorischen Maßnahmen zu treffen[111]. Begriff und Inhalt der öffentlichen Aufgabe sind weitestgehend normgeprägt.

Zur Verdeutlichung mag ein Beispiel aus einem Spezialgebiet des Handwerksrechts dienen. So bestimmt § 3 Abs. 2 S. 2 Schornsteinfegergesetz (SchfG), daß die Bezirksschornsteinfegermeister mit ihrer Tätigkeit auf dem Gebiet der rationellen Energieverwendung eine öffentliche Aufgabe erfüllen. Auch hier handelt es sich bei funktionaler Betrachtungsweise um Tätigkeiten, die – wie z. B. die Energieberatung – im Falle ihrer Ausübung durch Private keine Wahrnehmung öffentlicher Aufgaben bedeuten. Dies hat den Gesetzgeber nicht gehindert, das Gebiet der rationellen Energieverwendung durch eine Änderung des bisherigen § 3 Abs. 2 S. 2 SchfG[112] in den Bereich der öffentlichen Aufgaben einzubeziehen, in dem die Bezirksschornsteinfegermeister als Beliehene hoheitlich tätig werden[113] – und zwar auf dem Gebiet der rationellen Energieverwendung neben den Energieberatern des Fachhandwerks und den Fachingenieuren[114].

Für die den Handwerksinnungen und auch den Handwerkskammern gesetzlich zugewiesenen Aufgaben bedeutet dies folgendes: Primäre Aufgabe sowohl der Handwerksinnungen als auch der Handwerkskammern ist die Interessenvertretung. Bei den Innungen beschränkt sich die Interessenvertretung gem. §§ 52 Abs. 1 S. 1, 54 Abs. 1 S. 1 HwO auf die Mitglieder, die ein bestimmtes Einzelhandwerk (oder ein nahestehendes Handwerk) ausüben; im Ergebnis vertreten damit die Innungen jeweils die Interessen eines bestimmten Einzelhandwerks. Demgegenüber vertreten die Hand-

---

[109] Vgl. *Scheuner*, DÖV 1972, 142; *Fröhler*, in: FS Broermann, 1982, S. 689; *Uerpmann*, Das öffentliche Interesse, 1999, S. 133.
[110] Nachweise in Fn. 109.
[111] BVerfGE 15, 235 (240 f.); *Fröhler/Oberndorfer*, Körperschaften des öffentlichen Rechts und Interessenvertretung, 1974, S. 11.
[112] Änderung durch § 9 des Energieeinsparungsgesetzes vom 22.07.1976, BGBl. I S. 1873.
[113] *Musielak/Schira/Manke*, Schornsteinfegergesetz, 5. Aufl. 1998, § 3 Rn. 3.
[114] Verwaltungsvorschrift des Hessischen Ministeriums für Wirtschaft, Verkehr und Landesentwicklung vom 24. 4. 2002, HessStAnz. 2002, S. 1860 ff.

werkskammern gem. § 90 Abs. 1 HwO die Interessen des Gesamthandwerks. Ebenso wie der Staat die Förderung der Wirtschaft im weitesten Sinne in den Rang einer besonders wichtigen Staatsaufgabe erheben[115] und den als Körperschaften des öffentlichen Rechts errichteten Industrie- und Handelskammern die Wahrnehmung des Gesamtinteresses der ihnen zugehörigen Gewerbetreibenden sowie die Förderung der gewerblichen Wirtschaft gem. § 4 Abs. 1 IHK-G als öffentliche Aufgabe übertragen durfte, war der Staat berechtigt, den Handwerksinnungen die Vertretung der Interessen der einzelnen Handwerke und den Handwerkskammern die Vertretung der Interessen des Gesamthandwerks als öffentliche Aufgabe zu übertragen. Daß die Handwerksinnungen lediglich die Interessen der Einzelhandwerke vertreten, steht der Anerkennung als öffentliche Aufgabe nicht entgegen. Die Förderung und Vertretung der Interessen der Einzelhandwerke bewirkt zusammengenommen eine Förderung des Gesamthandwerks, dem nach wie vor ein hoher wirtschaftlicher Stellenwert zukommt. Deshalb war der Staat nicht gehindert, auch die Vertretung der Interessen der Einzelhandwerke in den Rang einer öffentlichen Aufgabe zu erheben und Körperschaften des öffentlichen Rechts mit ihrer Wahrnehmung zu betrauen.

3. Die Unterscheidung zwischen staatlichen und nichtstaatlichen öffentlichen Aufgaben im allgemeinen

Der Begriff der öffentlichen Aufgabe ist ambivalent. So erfüllt der Staat im Bereich der unmittelbaren Staatsverwaltung durch seine Behörden zweifelsohne öffentliche Aufgaben. Gleiches gilt für den Bereich der mittelbaren Staatsverwaltung, wenn der Staat die ihm obliegenden Aufgaben nicht unmittelbar durch seine Behörden erledigt, sondern auf selbständige juristische Personen des öffentlichen Rechts (oder auf Beliehene) überträgt. Zu den öffentlichen Aufgaben zählen aber auch solche Angelegenheiten, die der Staat nicht selbst wahrnehmen kann oder darf, die aber gleichwohl kraft ausdrücklicher staatlicher Entscheidung aus dem ausschließlich privaten gesellschaftlichen Bereich ausgegliedert sind. In Rechtsprechung[116] und Literatur[117] ist inzwischen weithin anerkannt, daß nicht alle öffentli-

---

[115] BVerfGE 15, 235 (240).
[116] BVerfGE 68, 193 (208 f.); ganz deutlich BVerfGE 70, 1 (20).
[117] *Peters,* in: FS H. C. Nipperdey, Bd. 2, 1965, S. 879 f.; *Martens,* Öffentlich als Rechtsbegriff, 1969, S. 118; *Uerpmann,* Das öffentliche Interesse, 1999, S. 33; *Maunz,* in: FS E. Forsthoff, 1972, 236; *Fröhler,* in: FS Broermann, 1982, S. 689.

chen Aufgaben zugleich auch staatliche Aufgaben sind, sondern daß es auch nichtstaatliche öffentliche Aufgaben gibt. Namentlich im Rundfunkrecht ist diese Unterscheidung geläufig: So erfüllen die öffentlich-rechtlichen Rundfunkanstalten zwar öffentliche Aufgaben unter Inanspruchnahme öffentlich-rechtlicher Handlungsformen[118]; aufgrund ihrer Staatsfreiheit[119] erfüllen sie aber keine staatlichen Aufgaben und zählen auch nicht zur mittelbaren Staatsverwaltung[120]. Im Vergleich zu dieser rein materiellen Unterscheidung zwischen staatlicher und öffentlich(-rechtlich)er Aufgabe ist es eine ganz andere Frage, daß der Staat, wenn er sich mit derart materiell-rechtlich staatsfernen Aufgaben – sei es im Wege der Gesetzgebung, sei es im Wege sonstigen staatlichen Handelns – befaßt, im formellen kompetenzrechtlichen Sinne des Art. 30 GG eine staatliche Aufgabe wahrnimmt: Weist er nichtstaatliche öffentliche Aufgaben Trägern öffentlichen (oder auch privaten) Rechts zu, nimmt er insoweit eine staatliche Aufgabe wahr[121].

4. Interessenvertretung als auch staatliche Aufgabe

Die Frage ist nun, von welcher Qualität die Aufgaben der Handwerksinnungen sind. Zustimmung verdient die Auffassung, daß die Vertretung wirtschaftlicher Interessen *gegenüber dem Staat* zwar einen öffentliche Aufgabe sei, wenn sie vom Staat als besonders bedeutsam erachtet und deshalb aus dem rein privaten gesellschaftlichen Bereich herausgenommen und auf Körperschaften des öffentlichen Rechts wie die Industrie- und Handelskammern, Handwerksinnungen und Handwerkskammern übertragen worden sei, daß es sich aber wegen der Staatsgegnerschaft um keine

---

[118] BVerfGE 31, 314 (329): „öffentlich-rechtliche Aufgaben"; *Herrmann*, Rundfunkrecht, 1994, § 7 Rn. 138, § 10 Rn. 144 f.

[119] BVerfGE 31, 314 (329); 83, 238 (322); 88, 25 (36).

[120] In diese Richtung aber noch BVerfGE 12, 205 (246): „Veranstaltung von Rundfunksendungen als Aufgabe der öffentlichen Verwaltung"; 31, 314 (329) – dagegen diss op. (*Geiger, Rinck, Wand*) BVerfGE 31, 337 (340 f.); *Kluth*, Funktionale Selbstverwaltung, 1997, S. 78 qualifiziert den früheren öffentlich-rechtlichen Monopolrundfunk als Verwaltungsmonopol; dazu auch *Bullinger*, in: Isensee/Kirchhof, Handbuch des Staatsrechts VI, 1989, § 142 Rn. 126 f.; zutreffend dagegen *Starck*, in: v. Mangoldt/Klein/Starck, GG, Bd. 1, 4. Aufl. 1999, Art. 5 Rn. 109; *Herrmann*, Fernsehen und Hörfunk in der Verfassung der Bundesrepublik Deutschland, 1975, S. 125 ff.; *Ossenbühl*, Rundfunk zwischen Staat und Gesellschaft, 1975, S. 20, 37; *Scheuner*, Das Grundrecht der Rundfunkfreiheit, 1982, S. 39 ff.; *Wolff/Bachof/Stober*, Verwaltungsrecht I, 11. Aufl. 1999, § 2 Rn. 18.

[121] Vgl. *Starck*, a.a.O., Art. 5 Rn. 109.

staatliche Aufgabe, und zwar auch um keine Aufgabe der mittelbaren Staatsverwaltung handele[122]. Bislang nicht eindeutig geklärt ist dagegen die Frage, welche der in § 54 HwO genannten Aufgaben der Handwerksinnungen staatlich und welche zwar öffentlich, aber nichtstaatlich sind.

Sehr weitgehend ist die von *Fröhler* und *Oberndorfer* vertretene Auffassung, wonach die Interessenvertretung durch die Industrie- und Handelskammern sowie die Handwerkskammern – und in dieser Konsequenz auch durch die Handwerksinnungen[123] – eine nichtsstaatliche Aufgabe sei[124], wie sie auch von privaten Verbänden wahrgenommen werde[125]. Staatliche Aufgaben, d. h. Aufgaben der mittelbaren Staatsverwaltung, seien die Ausnahmen[126]. Als staatliche Aufgaben der Handwerkskammern genannt werden in diesem Zusammenhang § 91 Abs. 1 Nr. 3, 4, 4a, 5, 6, 8, 11 und §§ 111-113 HwO[127]. Als „hoheitliche Aufgaben" bzw. als „öffentlich-rechtliche Befugnis" der Innungen werden die in § 54 Abs. 1 Nr. 3 und 4 HwO (= § 49 HwO a. F.) genannten Gegenstände bezeichnet; von „öffentlichen Verwaltungsaufgaben" ist in den Fällen des § 54 Abs. 1 Nr. 6 HwO und bei den verschiedenen rechtsprechungsähnlichen Funktionen die Rede[128].

Diese weite Bemessung des Bereichs der nichtstaatlichen öffentlichen Aufgaben ist erkennbar von dem Bestreben getragen, die Eingriffsbefugnisse der staatlichen Aufsicht zu minimieren[129]. So werden der Staatsaufsicht im Bereich der Wahrnehmung nichtstaatlicher öffentlicher Aufgaben, der hier als Bereich der gesellschaftlichen Selbstverwaltung bezeichnet wird, geringere Befugnisse eingeräumt als im Bereich der Wahrnehmung von Aufgaben der mittelbaren Staatsverwaltung – und zwar auch dann, wenn die zuletzt genannten Aufgaben der Selbstverwaltung unterfallen[130].

Ganz ähnlich verhält es sich bei der von Teilen der Literatur vertretenen Unterscheidung in Anlehnung an die im Kammerrecht getroffene gesetzli-

---

[122] Grundlegend *Fröhler/Oberndorfer*, Körperschaften des öffentlichen Rechts und Interessenvertretung, 1974, S. 14 ff., 19; *Fröhler*, in: FS Broermann, 1982, S. 688-692; vgl. auch *Hendler*, Selbstverwaltung als Ordnungsprinzip, 1984, S. 297 f.
[123] Vgl. *Fröhler*, Das Recht der Handwerksinnung, 1959, S. 106 ff.
[124] *Fröhler/Oberndorfer*, a.a.O., S. 35, 40; *Fröhler*, a.a.O., S. 689 f.
[125] *Fröhler*, a.a.O., S. 690.
[126] *Fröhler/Oberndorfer*, a.a.O., S. 33, 40, 46; *Fröhler*, a.a.O., S. 690 f.
[127] *Fröhler/Oberndorfer*, a.a.O., S. 33, 46.
[128] *Fröhler*, Das Recht der Handwerksinnung, 1959, S. 106-110.
[129] *Fröhler/Oberndorfer*, a.a.O., S. 70 (vgl. auch S. 40 a. E.).
[130] *Fröhler/Oberndorfer*, Körperschaften des öffentlichen Rechts und Interessenvertretung, 1974, S. 70.

che Regelung: Neben dem Aufgaben- und Funktionsbereich der Interessenvertretung werden die Bereiche der Selbstverwaltung, der mittelbaren Staatsverwaltung (Auftragsangelegenheiten) und der aufgrund von Organleihe zu erfüllenden Aufgaben genannt[131]. Im Bereich der mittelbaren Staatsverwaltung[132] wird den Aufsichtsbehörden eine über die bloße Rechtsaufsicht hinausgehende Fachaufsicht zugebilligt, die sich auch von Zweckmäßigkeitserwägungen leiten lassen dürfe[133]. Noch weitergehende Befugnisse werden der Staatsaufsicht in demjenigen Bereich zugestanden, der die aufgrund von Organleihe zu erfüllenden Aufgaben umfasse[134].

Die oben beschriebenen Unterscheidungen zwischen verschiedenen Aufgaben- und Funktionsbereichen ist zwar im Hinblick auf das bei der Auswahl konkreter Aufsichtsmittel zu beachtende Verhältnismäßigkeitsprinzip gerechtfertigt. Nicht vereinbar mit den gesetzlichen Vorschriften über die Staatsaufsicht über die Handwerkskammern ist es aber, wenn der Aufsichtsbehörde aufgrund der bloßen Zuordnung einer bestimmten Aufgabe zu einem der verschiedenen Bereiche Aufsichtsbefugnisse zuerkannt werden, die über die bloße Rechtsaufsicht hinausgehen – wie dies namentlich für die Aufgaben der Handwerkskammern im Bereich der mittelbaren Staatsverwaltung vertreten wird[135] –, oder wenn die Aufsichtsbefugnisse – etwa im Bereich der nichtstaatlichen öffentlichen Aufgaben (Interessenvertretung) – der Sache nach unter das Niveau der Rechtsaufsicht gedrückt werden[136].

Der (bloßen) Rechtsaufsicht unterliegen sowohl die Handwerkskammern (§ 115 Abs. 1 S. 2 HwO) als auch die Handwerksinnungen (§ 75 S. 2 HwO) und die Industrie- und Handelskammern (§ 11 Abs. 1 IHK-G). Soweit keine hiervon abweichende besondere gesetzliche Regelung besteht (vgl. die Formulierung in § 115 Abs. 1 S. 2 HwO), erfolgt auch im Bereich der (mittelbaren) Staatsverwaltung bloße Rechtsaufsicht[137]. Andererseits besteht auch im Bereich der Interessenvertretung eine Rechtsaufsicht. Sie

---

[131] *Kopp*, Die Staatsaufsicht über die Handwerkskammern, 1992, S. 28 ff.; ähnlich *Eyermann*, GewArch 1992, 209.
[132] Dazu im einzelnen *Kopp*, a.a.O., S. 36 ff.
[133] *Kopp*, a.a.O., S. 49 f.
[134] *Kopp*, a.a.O., S. 50 f.
[135] *Kopp*, a.a.O., S. 36 f.
[136] In diese Richtung *Fröhler/Oberndorfer*, a.a.O., S. 70; *Fröhler*, in: FS Broermann, 1982, S. 696: „ist demnach jeder hoheitliche Eingriff grundsätzlich auszuschließen".
[137] So auch *Eyermann*, GewArch 1992, 210; *Kormann*, GewArch 1987, 251 f.; vgl. auch BayVGH GewArch 1991, 389.

umfaßt nicht nur die formale Kontrolle, ob die der Aufgabenerledigung zugrunde liegenden Entscheidungen verfahrensrechtlich ordnungsgemäß getroffen wurden[138]. Auch im Bereich der Interessenvertretung sind die Handwerkskammern, Handwerksinnungen und Industrie- und Handelskammern an Recht und Gesetz gebunden und müssen sich insbesondere im Rahmen des § 91 Abs. 1 HwO bzw. der §§ 54 HwO, 1 IHK-G bewegen[139].

Vor allem aber verkennt die Charakterisierung der Aufgaben der Handwerkskammern, Handwerksinnungen und Industrie- und Handelskammern als grundsätzlich nichtstaatliche öffentliche Interessenvertretung[140], daß auch die Vertretung gesellschaftlicher Interessen kraft gesetzlicher Regelung zur staatlichen Aufgabe gemacht werden kann. Dies gilt jedenfalls dann, wenn die Förderung bestimmter gesellschaftlicher Interessen und Belange zugleich dem Gemeinwohl und Staatsganzen dient. So verhält es sich vor allem im Bereich der Wirtschaft. Gerade die gegenwärtigen wirtschaftlichen Entwicklungen und Probleme der deutschen Volkswirtschaft sind bedrückender Beleg für die Bedeutung einer gesunden und florierenden Wirtschaft für das Staatsganze. Eine auf Dauer schwache Volkswirtschaft bedroht nicht nur die wirtschaftliche Existenz unzähliger Bürger, sondern auf längere Sicht auch die gesellschaftliche Grundordnung des gesamten Staates. Rezession und damit einhergehende Arbeitslosigkeit mindern das Steueraufkommen und gefährden das System der sozialen Sicherungen wie vor allem die gesetzliche Renten- und Krankenversicherung. Eine dadurch unausweichlich bedingte erhebliche Schwächung des Systems der sozialen Marktwirtschaft erschüttert das Vertrauen in die demokratisch legitimierten Staatsgewalten, insbesondere die Exekutive, aber auch die Legislative, und stellt damit eine ernstzunehmende Gefahr für die freiheitliche demokratische Grundordnung des gesamten Staatswesens dar. Die Stabilisierung notleidender Volkswirtschaften und die Gewährleistung einer prosperierenden wirtschaftlichen Entwicklung ist aus diesen Gründen staatliche Hauptaufgabe. Nicht von ungefähr steht die Wirtschaftspolitik mittlerweile im Mittelpunkt der staatsleitenden Tätigkeit und ist Hauptgradmesser einer erfolgreichen Regierung.

---

[138] So aber *Fröhler/Oberndorfer*, Körperschaften des öffentlichen Rechts und Interessenvertretung, 1974, S. 70; *Fröhler*, in: FS Broermann, 1982, S. 697 f.; *Eyermann*, GewArch 1992, 210.

[139] Dazu näher *Musielak/Detterbeck*, Das Recht des Handwerks, 3. Aufl. 1995, § 115 Rn. 1 ff.; vgl. auch *Kopp*, Die Staatsaufsicht über die Handwerkskammern, 1992, S. 65 f.

[140] *Fröhler/Oberndorfer*, a.a.O., S. 40; *Fröhler*, in: FS Broermann, 1982, S. 689 f.

Der Staat ist, wenn nicht verpflichtet, so doch zumindest berechtigt, durch geeignete Maßnahmen einen Beitrag zur Konsolidierung und Stabilisierung der Wirtschaft zu leisten. Der staatliche Gestaltungsspielraum ist groß. Verfassungs- und europarechtliche Vorgaben stellen nur äußerste Grenzen staatlichen Handelns dar. Innerhalb dieser Grenzen, auf die noch zurückzukommen sein wird[141], ist es vor allem eine Frage politischer Opportunität, zu welchen konkreten wirtschaftsrelevanten Maßnahmen der Staat greift. Der Staat ist insbesondere berechtigt, durch eine gezielte Förderung einzelner wirtschaftlicher Bereiche das Endziel der gesamtökonomischen Konsolidierung und Absicherung zu verfolgen. Freilich müssen derartige Maßnahmen mit den deutschen Grundrechten sowie den europäischen Grundrechten und Grundfreiheiten unmittelbar in Pflicht genommener Bürger sowie mittelbar nachteilig betroffener Konkurrenten vereinbar sein. Im übrigen steht es dem Staat jedoch grundsätzlich frei, wie und in welcher Form er zur Gesundung und Absicherung wirtschaftlicher Teilbereiche beiträgt.

Der Staat bewegt sich innerhalb seines politischen Gestaltungsspielraums, wenn er wichtige Wirtschaftszweige wie etwa das Handwerk durch strukturbildende Maßnahmen und gesetzliche Vorschriften ordnet, das Ausbildungswesen regelt und eine effektive Vertretung wirtschaftlicher Interessen sicherstellt.

Anders als vor allem im Rundfunkrecht, im Wissenschaftsrecht sowie im Kommunalrecht, wo ein aus Art. 5 Abs. 1 S. 2, 2. Var., 5 Abs. 3 S. 1, 2. Var., 28 Abs. 2 S. 1 GG folgendes weitreichendes Verbot staatlicher Aufgabenwahrnehmung besteht[142], ist es dem Staat im Wirtschaftsrecht nicht verwehrt, die Vertretung wirtschaftlicher Interessen zum Zwecke der Wirtschaftsförderung zur staatlichen Aufgabe zu machen und entweder durch eigene Behörden im Wege der unmittelbaren Staatsverwaltung oder durch die Schaffung selbständiger juristischer Personen des öffentlichen Rechts im Wege der mittelbaren Staatsverwaltung wahrzunehmen. Daß sich die zuletzt genannte Möglichkeit unter Einräumung staatlich nur begrenzt kontrollierbarer Selbstverwaltungsrechte der aufgabenwahrnehmenden Körperschaften aus rechtspolitischen und rechtspraktischen Gründen anbietet, ist eine andere Frage. Eine Verstaatlichung der Vertretung wirt-

---

[141] Siehe unten S. 65 ff.
[142] Siehe nur *Hendler*, Selbstverwaltung als Ordnungsprinzip, 1984, S. 298 f. im Anschluß an *Martens*, Öffentlich als Rechtsbegriff, 1969, S. 121.

schaftlicher Interessen im Wege der unmittelbaren oder mittelbaren Staatsverwaltung ist jedenfalls nicht ausgeschlossen[143].

Die Anschlußfrage gilt dem Umfang der Verstaatlichung der Interessenvertretung im Handwerksrecht und hier im Innungsrecht. Denn eines kann als unbestritten gelten: Die den Handwerksinnungen als Körperschaften des öffentlichen Rechts durch § 54 Abs. 1 S. 1 HwO übertragene Aufgabe der Förderung der gemeinsamen gewerblichen Interessen ihrer Mitglieder ist nicht in toto zu einer Aufgabe der mittelbaren Staatsverwaltung geworden. So wurde schon vor langem in der Literatur zutreffend darauf hingewiesen, daß die Wahrnehmung gewerblicher Interessen auch gegenüber dem Staat, die den berufsständischen Organisationen wie den Innungen obliegt, nicht eine staatliche Aufgabe sein kann[144]. Kann aber die Vertretung bestimmter Interessen gegenüber dem Staat keine staatliche Aufgabe sein, kann sie auch keine Aufgabe der mittelbaren Staatsverwaltung sein. Insoweit stößt die Verstaatlichung der Wahrnehmung wirtschaftlicher Interessen an rechtslogische Grenzen. Vor allem aber ist zu beachten, daß der Staat nicht daran gehindert ist, nur einzelne Teilbereiche der Wahrnehmung wirtschaftlicher Interessen als staatliche Aufgabe auszugestalten und Körperschaften des öffentlichen Rechts zu übertragen, die insoweit funktional Aufgaben der mittelbaren Staatsverwaltung erfüllen. Die Interessenwahrnehmung im übrigen kann denselben öffentlich-rechtlichen Körperschaften als nichtstaatliche, gleichwohl öffentliche Aufgabe übertragen werden[145]. Eben so verhält es sich bei den Handwerksinnungen. Sowohl die Literatur als auch die bundesverfassungsgerichtliche Rechtsprechung unterscheiden zwischen staatlichen Aufgaben, die von den Handwerksinnungen als Träger der mittelbaren Staatsverwaltung wahrgenommen werden, und sonstigen Aufgaben[146], die z.T. als nichtstaatlich öffentlich charakterisiert werden[147].

---

[143] Vgl. auch *Bieback*, Die öffentliche Körperschaft, 1974, S. 317 f.
[144] *Hendler*, Selbstverwaltung als Ordnungsprinzip, 1984, S. 299 f.
[145] Insoweit auch *Fröhler/Oberndorfer*, Körperschaften des öffentlichen Rechts und Interessenvertretung, 1974, S. 15 f.
[146] So die Unterscheidung von BVerfGE 68, 193 (208 f.); 70, 1 (20); BVerwGE 90, 88 (95); *Fröhler*, Das Recht der Handwerksinnungen, 1959, S. 106 ff., der zwischen öffentlichen Verwaltungsaufgaben (S. 106-110) und Gewerbeförderungsaufgaben der Handwerksinnungen unterscheidet; so auch allgemein zu den Wirtschaftskammern *ders.*, in: FS Broermann, 1982, S. 690.
[147] *Fröhler/Oberndorfer*, a.a.O., S. 16; *Fröhler*, in: FS Broermann, 1982, S. 690.

Die Position, nach der Interessenvertretung durch Wirtschaftskammern generell eine nichtstaatliche Aufgabe sei[148], ist mit der gesetzlichen Systematik der Handwerksordnung allerdings unvereinbar. Primäre Aufgabe der Innungen ist gem. § 54 Abs. 1 S. 1 HwO die Förderung der gemeinsamen gewerblichen Interessen ihrer Mitglieder. Die in § 54 Abs. 1 S. 2 HwO genannten Pflichtaufgaben sind lediglich besondere Ausformungen der in § 54 Abs. 1 S. 1 HwO als allgemeine Pflichtaufgabe formulierten Aufgabe der Förderung der gemeinsamen gewerblichen Mitgliederinteressen[149]. Der Erfüllung dieser allgemeinen Pflichtaufgaben dienen aber auch die in § 54 Abs. 2, 3 und 4 HwO genannten Maßnahmen[150]. Auch die in § 54 Abs. 2-4 HwO genannten Soll- und Kannaufgaben der Handwerksinnungen sind lediglich Konkretisierungen ihrer allgemeinen Pflichtaufgabe der Interessenförderung gem. § 54 Abs. 1 S. 1 HwO. Im Prinzip nicht anders verhält es sich bei den Handwerkskammern. Auch hier liegen nach § 90 Abs. 1 HwO Hauptzweck und Hauptaufgabe in der Vertretung der Interessen des Handwerks. Der zumal nicht abschließende Aufgabenkatalog des § 91 Abs. 1 HwO enthält wiederum nur Konkretisierungen der Grundaufgabe der Interessenvertretung. Letztlich fördert die Erfüllung der in § 54 Abs. 1 S. 2, Abs. 2-4 HwO genannten Aufgaben durch die Handwerksinnungen ebenso die Interessen ihrer Mitglieder (§ 54 Abs. 1 S. 1 HwO) wie die Erfüllung der Aufgaben des § 91 Abs. 1 HwO durch die Handwerkskammern der Vertretung der Interessen des Gesamthandwerks (§ 90 Abs. 1 HwO) dient. Wird deshalb die Interessenförderung und Interessenvertretung vollständig aus dem Bereich der mittelbaren Staatsverwaltung, das heißt der staatlichen Aufgaben, herausgenommen, können jedenfalls nicht einzelne in § 54 Abs. 1 S. 2, Abs. 2-4 und § 91 Abs. 1 HwO genannte Aufgaben als staatlich qualifiziert werden. Daß aber verschiedene in § 54 und § 91 HwO genannte Aufgaben staatlich sind und von den Handwerksinnungen und Handwerkskammern als Organe der mittelbaren Staatsverwaltung erfüllt werden, ist allgemein anerkannt.

---

[148] *Fröhler*, in: FS Broermann, 1982, S. 690; *Fröhler/Oberndorfer*, a.a.O., S. 40 f., 45 f.; ebenso BVerfGE 68, 193 (210); 70, 1 (20); allerdings bemißt das BVerfG den Bereich der Wahrnehmung staatlicher Aufgaben weitaus größer als die vorstehend genannte Literatur, vgl. dazu sogleich S. 50 ff.
[149] *Musielak/Detterbeck*, Das Recht des Handwerks, 3. Aufl. 1995, § 54 Rn. 5.
[150] *Fröhler*, Das Recht der Handwerksinnung, 1959, S. 103 ff.

5. Die staatlichen und nichtstaatlichen öffentlichen Aufgaben der Innungen im einzelnen

a) Die Aufzählung Fröhlers

Als öffentliche Verwaltungsaufgaben der Innungen, die insoweit hoheitlich tätig werden, nennt *Fröhler*[151]:
- Regelung und Überwachung der Lehrlingsausbildung (§ 54 Abs. 1 S. 2 Nr. 3 HwO).
- Abnahme der Gesellenprüfungen und Errichtung von Gesellenprüfungsausschüssen (§ 54 Abs. 1 S. 2 Nr. 4 HwO).
- Mitwirkung bei der Verwaltung der Berufsschulen (§ 54 Abs. 1 S. 2 Nr. 6 HwO).
- Gütliche Streitbeilegung zwischen Innungsmitgliedern und Lehrlingen durch die nach § 111 Abs. 2 ArbGG, § 67 Abs. 3 HwO gebildeten Innungsausschüsse (wobei diese Tätigkeit zugleich der Erfüllung der in § 54 Abs. 1 S. 2 Nr. 2 HwO genannten Pflichtaufgabe der Pflege eines guten Verhältnisses zwischen Meistern und Lehrlingen dient).
- Streitvermittlung zwischen Innungsmitgliedern und ihren Auftraggebern (§ 54 Abs. 3 Nr. 3 HwO) durch gem. § 61 Abs. 1 HwO hierfür errichtete Innungsausschüsse.

b) Die verfehlte Qualifizierung der Pflichtaufgaben als staatlich und der freiwilligen Aufgaben als nichtstaatlich

Auch das BVerfG geht von einer Doppelstellung der Handwerksinnungen aus: „Handwerksinnungen sind damit, auch ohne Zwangsmitgliedschaft, einerseits Teil der (im weiteren Sinne) staatlichen Verwaltung; andererseits nehmen sie die gemeinsamen berufsständischen und wirtschaftlichen Interessen der in ihnen zusammengeschlossenen Handwerker wahr."[152] Den Bereich der Interessenvertretung qualifiziert das BVerfG als nichtstaatlich[153]. An diese Zweiteilung knüpft das BVerfG folgende Konsequenz: Im Bereich der Interessenvertretung agierten die Handwerksinnungen nicht als Teil der staatlichen Verwaltung und erfüllten keine staatlichen Aufga-

---
[151] *Fröhler*, Das Recht der Handwerksinnung, 1959, S. 106-110.
[152] BVerfGE 68, 193 (208 f.).
[153] BVerfGE 68, 193 (210); 70, 1 (20).

ben[154]. Als Teil der staatlichen Verwaltung betrachtet das BVerfG die Handwerksinnungen demgegenüber dann, wenn diese gesetzlich zugewiesene Pflichtaufgaben erfüllen[155]. In diesem Zusammenhang weist das BVerfG zutreffend darauf hin, daß § 54 Abs. 1 S. 2 HwO den Kreis der Pflichtaufgaben nicht abschließend beschreibt[156]. Im Ergebnis rechnet das BVerfG die Pflichtaufgaben des § 54 Abs. 1 S. 2 HwO und die weiteren gesetzlich zugewiesenen Pflichtaufgaben zu den staatlichen Aufgaben, die von den Handwerksinnungen als Teil der mittelbaren Staatsverwaltung erfüllt werden. Demgegenüber werden die „sonstigen, freiwilligen Aufgaben im Sinne des § 54 Abs. 2 und 3 HwO" nicht als staatlich qualifiziert, sondern dem Bereich der nichtstaatlichen Interessenvertretung zugeordnet[157].

Diese Unterscheidung zwischen der Wahrnehmung von Pflichtaufgaben durch die Handwerksinnungen als Teil der mittelbaren Staatsverwaltung einerseits und der Wahrnehmung sonstiger Aufgaben als staatsdistanzierter Träger wirtschaftlicher Interessen andererseits ist zwar griffig und ermöglicht eine eindeutige Zuordnung der Innungsaufgaben. Indes wird diese Unterscheidung, die auf der Gegensatzbildung von Pflichtaufgaben und Interessenvertretung beruht wie oben bereits dargelegt[158] der Systematik des § 54 HwO nicht gerecht[159]. Nochmals: Nach § 52 Abs. 1 S. 1 und § 54 Abs. 1 S. 1 HwO ist Hauptzweck und -aufgabe der Handwerksinnungen die Vertretung und Förderung der gewerblichen Interessen ihrer Mitglieder. Die Generalklausel des § 54 Abs. 1 S. 1 HwO wird nicht nur durch die Soll- und Kannaufgaben des § 54 Abs. 2-4 HwO, sondern auch durch die in § 54 Abs. 1 S. 2 HwO und anderen gesetzlichen Vorschriften genannten Pflichtaufgaben konkretisiert[160]. Die Förderung und Vertretung der gewerblichen Interessen der Innungsmitglieder ist die Pflichtaufgabe der Handwerksinnungen schlechthin[161]. Auch die Erfüllung der einzelnen in § 54 Abs. 1 S. 2 HwO genannten Pflichtaufgaben durch die Handwerksinnungen fördert die gewerblichen Interessen der Innungsmitglieder. Zwischen der Erfüllung von Pflichtaufgaben und Interessenvertretung und

---

[154] Ganz deutlich BVerfGE 70, 1 (20); 68, 193 (210).
[155] BVerfGE 68, 193 (210); 70, 1 (17, 19 f.).
[156] BVerfGE 68, 193 (208, 210) 70, 1 (17).
[157] BVerfGE 70, 1 (20).
[158] Vgl. oben S. 49.
[159] Die bundesverfassungsgerichtliche Unterscheidung ablehnend auch *Kluth*, Funktionale Selbstverwaltung, 1997, S. 399.
[160] *Musielak/Detterbeck*, Das Recht des Handwerks, 3. Aufl. 1995, § 54 Rn. 5.
[161] *Fröhler*, Das Recht der Handwerksinnung, 1959, S. 103.

-förderung besteht deshalb kein Unterschied und noch viel weniger ein Gegensatz.

Ein weiteres kommt hinzu: § 54 Abs. 2 HwO nennt zwar Sollaufgaben. Aber auch zu deren Erfüllung sind die Innungen verpflichtet, wenn nicht besondere Gründe entgegenstehen[162]. Der Sache nach handelt es sich auch bei den Sollaufgaben des § 54 Abs. 2 HwO um wenn auch eingeschränkte Pflichtaufgaben. Schließlich sind die Innungen auch zu den in § 54 Abs. 3 HwO genannten Kannaufgaben verpflichtet, wenn dies im konkreten Fall zur Förderung der gemeinsamen gewerblichen Interessen der Innungsmitglieder unbedingt erforderlich ist. Nur mit dieser Einschränkung läßt sich von freiwilligen Aufgaben der Handwerksinnungen sprechen[163]. Auch aus diesen Gründen ist es nicht überzeugend, wenn die Qualifizierung bestimmter Innungsaufgaben als staatlich von der Formulierung als Pflichtaufgabe abhängig gemacht wird, wohingegen die übrigen Aufgaben dem Bereich der Interessenvertretung, der als nichtstaatlich begriffen wird, zugeordnet werden.

c) Materielle Abgrenzung

Überzeugender erscheint eine materielle Abgrenzung, die darauf abstellt, ob die Aufgabenerfüllung bei einer funktionalen Betrachtungsweise in das System der öffentlichen Verwaltung, das heißt der mittelbaren Staatsverwaltung eingebunden ist. So argumentierte das BVerfG, als es auf die Einbeziehung der Zahntechniker und ihrer Innungen in das öffentlich-rechtliche System des Kassenarztrechts abstellte und die den Innungen der Zahntechniker nach § 368g Abs. 5a S. 2 RVO a. F. obliegende Aufgaben zum Abschluß von Vereinbarungen mit den Landesverbänden der Krankenkasse als Aufgabe der mittelbaren Staatsverwaltung qualifizierte[164]. Im Unterschied hierzu wurde eine vergleichbare Einbeziehung der Innungen der Orthopädietechniker in das öffentlich-rechtliche System des Kassenarztrechts verneint. Die ihnen nach § 376c, § 376d Abs. 1 S. 1 RVO a. F. obliegenden Aufgaben wurden dem nichtstaatlichen Bereich der Interessenvertretung zugeordnet[165]. Freilich stellte das BVerfG auch hier wieder zusätzlich auf die Unterscheidung zwischen Pflichtaufgaben der Zahntech-

---

[162] *Musielak/Detterbeck*, Das Recht des Handwerks, 3. Aufl. 1995, § 54 Rn. 3, 20; *Müller*, in: Aberle, HwO, § 54 Rn. 7, 21; *Fröhler*, a.a.O., S. 104.
[163] *Musielak/Detterbeck*, a.a.O., § 54 Rn. 4; vgl. auch *Fröhler*, a.a.O., S. 104 f.
[164] BVerfGE 70, 1 (17 f.).
[165] BVerfGE 70, 1 (19 f.).

nikerinnungen und sonstigen, freiwilligen Aufgaben der Orthopädietechnikerinnung ab[166].

d) Die staatlichen Aufgaben der Innungen

Trotz aller Schwierigkeiten der Abgrenzung zwischen staatlichen und nichtstaatlichen Aufgaben bleibt festzuhalten, daß der Kreis der den Innungen obliegenden staatlichen Aufgaben nicht klein ist. Die von *Fröhler* in seiner grundlegenden Schrift genannten öffentlichen Verwaltungsaufgaben[167] der Regelung und Überwachung der Lehrlingsausbildung (§ 54 Abs. 1 S. 2 Nr. 3 HwO), der Abnahme der Gesellenprüfungen und Errichtung von Gesellenprüfungsausschüssen (§ 54 Abs. 1 S. 2 Nr. 4 HwO) sowie der Mitwirkung bei der Verwaltung der Berufsschulen (§ 54 Abs. 1 S. 2 Nr. 6 HwO) stellen auch nach Maßgabe der oben erläuterten bundesverfassungsgerichtlichen Rechtsprechung staatliche Aufgaben dar. Zu den staatlichen Aufgaben der Innungen gehört es aber auch, den Behörden Gutachten und Auskünfte zu erstatten (§ 54 Abs. 1 S. 2 Nr. 8 HwO). Dies folgt aus dem engen Zusammenhang zwischen dem entsprechenden Innungshandeln und den behördlichen Aufgaben, deren Erfüllung die Innungen unterstützen. Im übrigen hat das BVerfG sogar die nicht auf die Behördenunterstützung beschränkte Aufgabe der Industrie- und Handelskammern, Vorschläge zu unterbreiten sowie Gutachten und Berichte zu erstatten, als „echte Staatsaufgabe" bezeichnet[168]. Auch die Durchführung der von den Handwerkskammern erlassenen Vorschriften und Anordnungen (§ 54 Abs. 1 S. 2 Nr. 10 HwO) kann die Wahrnehmung einer staatlichen Aufgabe bedeuten. Dies ist jedenfalls dann der Fall, wenn die Innungen solche Rechtsvorschriften der Handwerkskammern, die ihrerseits in Erfüllung einer staatlichen Aufgabe erlassen wurden, ausführen: Rechtsvorschriften der Handwerkskammern in diesem Sinne sind namentlich Vorschriften über die Berufsausbildung der Lehrlinge sowie über die Gesellen- und Meisterprüfung[169].

Eine pauschale Zuordnung der weiteren Pflichtaufgaben des § 54 Abs. 1 S. 2 HwO zum Bereich der mittelbaren Staatsverwaltung unter Berufung auf die bundesverfassungsgerichtliche Rechtsprechung ist abzulehnen. So

---

[166] BVerfGE 70, 1 (19 f.).
[167] *Fröhler*, Das Recht der Handwerksinnung, 1959, S. 106 ff.; siehe auch *Honig*, HwO, 2. Aufl. 1999, § 53 Rn. 1.
[168] BVerfGE 15, 235 (240 f.).
[169] Vgl. *Müller*, in: Aberle, HwO, § 54 Rn. 20 a.E.

sind vor allem Maßnahmen zur Pflege des Gemeingeistes und der Berufsehre der Innungsmitglieder (§ 54 Abs. 1 S. 2 Nr. 1 HwO), Maßnahmen zur Förderung eines guten Verhältnisses zwischen Meistern, Gesellen und Lehrlingen (§ 54 Abs. 1 S. 2 Nr. 2 HwO) sowie Maßnahmen zur Förderung des handwerklichen Könnens der Meister und Gesellen (§ 54 Abs. 1 S. 2 Nr. 5 HwO) nur dann dem Bereich der mittelbaren Staatsverwaltung zuzurechnen, wenn funktional Aufgaben des Staates erfüllt werden, das heißt, wenn die Innungen im konkreten Fall in das System der öffentlichen Verwaltungstätigkeit rechtlich eingebunden sind, wie es etwa bei der Erstattung von Gutachten und Auskünften gegenüber Behörden nach § 54 Abs. 1 S. 2 Nr. 8 HwO der Fall ist.

Die Innungen nehmen aber auch außerhalb der Pflichtaufgaben des § 54 Abs. 1 S. 2 HwO staatliche Aufgaben wahr. So verhält es sich bei der Beratung der Vergabestellen bei der Vergabe öffentlicher Lieferungen und Leistungen nach § 54 Abs. 2 Nr. 2 HwO. Diese Vorschrift bindet die Innungen mit beratender Funktion in das Beschaffungswesen der öffentlichen Hand ein. Obwohl das Beschaffungswesen der öffentlichen Hand nach der vorherrschenden Auffassung insgesamt dem Privatrecht unterliegt[170] und deshalb auch die behördliche Vergabeentscheidung privatrechtlicher Natur ist[171], gehört die Vergabe öffentlicher Lieferungen und Leistungen durch die Behörden zu den staatlichen Aufgaben. Von der privatrechtlichen Rechtsform, in der die entsprechenden Bedarfsdeckungsgeschäfte (fiskalische Hilfsgeschäfte) getätigt werden, darf nicht auf eine nichtstaatliche Zweckrichtung und Aufgabenerfüllung geschlossen werden. Zu den staatlichen Aufgaben der Behörden gehören vielmehr auch die sog. Bedarfsdeckungsgeschäfte. Werden die Innungen bei derartigen Bedarfsdeckungsgeschäften beratend tätig, dient auch ihre Tätigkeit der Erfüllung einer staatlichen Aufgabe.

Staatliche Aufgaben erfüllen die Innungen bei der gütlichen Streitbeilegung zwischen Innungsmitgliedern und Lehrlingen durch die nach § 111 Abs. 2 ArbGG, § 67 Abs. 3 HwO gebildeten Innungsausschüsse[172], wobei diese Tätigkeit zugleich der Erfüllung der in § 54 Abs. 1 S. 2 Nr. 2 HwO genannten Pflichtaufgabe der Pflege eines guten Verhältnisses zwischen

---

[170] GmS-OGB NJW 1986, 2359; BGHZ 36, 91 (96); DÖV 1977, 530; BVerwGE 35, 103 (105 f.); 5, 325 (326); DÖV 1973, 244 f.
[171] Dazu und zur Neuregelung des Vergaberechts im GWB *Detterbeck*, Allgemeines Verwaltungsrecht, 2002 Rn. 905 ff.
[172] *Fröhler*, Das Recht der Handwerksinnung, 1959, S. 109 f., der von öffentlicher Verwaltungstätigkeit spricht.

Meistern und Lehrlingen dient. Wurde ein solcher Innungsausschuß gebildet, entfällt gem. § 111 Abs. 2 S. 8 ArbGG das arbeitsgerichtliche Güteverfahren. Insoweit üben die Innungen durch die Innungsausschüsse eine rechtsprechungsersetzende Funktion aus[173] und nehmen eine staatliche Aufgabe wahr.

Nicht anders verhält es sich bei der Streitvermittlung zwischen Innungsmitgliedern und ihren Auftraggebern (§ 54 Abs. 3 Nr. 3 HwO) durch die gem. § 61 Abs. 1 HwO hierfür errichteten Innungsausschüsse. Hier kommt den Innungen eine rechtsprechungsentlastende Funktion zu, durch die sie ebenfalls zur Erfüllung der den rechtsprechenden Organen obliegenden staatlichen Aufgabe der Streitentscheidung beitragen[174].

Staatliche Aufgaben erfüllen die Innungen, wenn sie gem. § 54 Abs. 3 Nr. 2 HwO Unterstützungskassen errichten, um ihren Mitgliedern und deren Angehörigen im Falle der Krankheit, des Todes, der Arbeitsunfähigkeit oder sonstiger Bedürftigkeit materielle Hilfen zu gewähren. Die Vorsorge für die genannten Notfälle ist nicht nur eine nichtstaatliche Angelegenheit der Bürger, vielmehr handelt es sich um eine aus dem Sozialstaatsprinzip des Art. 20 Abs. 1 GG folgende staatliche Aufgabe. Überträgt der Gesetzgeber Teile dieser Aufgabe auf eine Körperschaft des öffentlichen Rechts, die in nicht unerheblichem Maße Tätigkeiten der mittelbaren Staatsverwaltung ausübt, erfüllt die Körperschaft eine staatliche Aufgabe. Auf die Frage, ob das Rechtsverhältnis zwischen den Unterstützungskassen, die nichtrechtsfähige Innungseinrichtungen sind[175], und ihren Mitgliedern öffentlich-rechtlich ausgestaltet ist mit der Konsequenz, daß für diesbezügliche Streitigkeiten der Verwaltungsrechtsweg eröffnet wäre[176], kommt es nicht an. Denn staatliche Aufgaben können bekanntlich auch in den Formen des Privatrechts erfüllt werden (sog. Verwaltungsprivatrecht).

Aus den soeben genannten Gründen erfüllen die Innungen schließlich auch dann eine staatliche Aufgabe, wenn sie gem. § 157 Abs. 1 SGB V i.V.m. § 54 Abs. 5 HwO Innungskrankenkassen errichten und für den Staat

---

[173] *Fröhler*, a.a.O., S. 109 spricht von „rechtsprechungsähnlichen Funktionen".

[174] Für „rechtsprechungsähnliche Tätigkeit" auch hier *Fröhler*, Das Recht der Handwerksinnung, 1959, S. 110.

[175] *Musielak/Detterbeck*, Das Recht des Handwerks, 3. Aufl. 1995, § 54 Rn. 26; *Honig*, HwO, 2. Aufl. 1999, § 54 Rn. 47.

[176] So *Honig*, a.a.O., § 54 Rn. 47; in dem von BAG NJW 1973, 1946 entschiedenen Fall, in dem das BAG die Zuständigkeit der Arbeitsgerichtsbarkeit bejahte, ging es um eine von den Arbeitgebern der Innungsmitglieder gegründete privatrechtliche Unterstützungseinrichtung, die keine Innungsunterstützungskasse im Sinne von § 54 Abs. 3 Nr. 2 HwO war.

einen sozialstaatlichen Auftrag erfüllen. Die Innungskrankenkassen gehören zu den Trägern der Sozialversicherung und sind gem. § 29 Abs. 1 SGB IV Körperschaften des öffentlichen Rechts. Die eigene Rechtspersönlichkeit und das ihnen nach § 29 Abs. 1 SGB IV zustehende Recht auf Selbstverwaltung ändert nichts daran, daß die Innungen durch ihre Innungskrankenkassen eine staatliche Aufgabe erfüllen.

e) Die nichtstaatlichen öffentlichen Aufgaben der Innungen

Soweit die Innungen keine staatlichen Aufgaben wahrnehmen, erfüllen sie gleichwohl öffentliche Aufgaben. In der Literatur ist insoweit von „nichtstaatlichen öffentlichen" Aufgaben die Rede[177]. Zwar handelt es sich ihrem Wesen nach um Aufgaben, die auch von privaten Verbänden wahrgenommen werden oder wahrgenommen werden könnten. Hier ist aber zu beachten, daß der Staat diesen der Sache nach gesellschaftlichen Aufgaben eine solche Bedeutung zuerkannt hat, daß er mit ihrer Wahrnehmung besondere Körperschaften des öffentlichen Rechts betraut hat. Durch eben diesen herausgehobenen Rang[178] unterscheiden sich die den Innungen zukommenden nichtstaatlichen öffentlichen Funktionen von den Aufgaben, die von privaten Verbänden ohne besonderen staatlichen Auftrag erfüllt werden.

Zwar bleibt es den im Bereich des Handwerks Tätigen unbenommen, private Verbände zur Förderung und Vertretung ihrer gemeinsamen gewerblichen Interessen und zur Entfaltung der hierzu erforderlichen Tätigkeiten zu bilden. Diesen privaten Verbänden kämen ohne die Existenz der Innungen die diesen zustehenden nichtstaatlichen öffentlichen Aufgaben zu. Organisiert aber der Staat die Erfüllung auch eben dieser nichtstaatlichen öffentlichen Aufgaben durch die Bereitstellung körperschaftlicher Strukturen und besondere organisationsrechtliche sowie materiellrechtliche gesetzliche Regelungen und stellt er zur Aufgabenwahrnehmung das Handlungsinstrumentarium des öffentlichen Rechts zur Verfügung, sind diese Aufgaben dem gesellschaftlichen Bereich entrückt. Die körperschaftlich organisierte und verfaßte Aufgabenerledigung verleiht den nichtstaatlichen öffentlichen Aufgaben auch eine besondere materielle Bedeutung, in der

---

[177] *Fröhler/Oberndorfer*, Körperschaften des öffentlichen Rechts und Interessenvertretung, 1974, S. 16, 36, 40; *Fröhler*, in: FS Broermann, 1982, S. 690; dazu näher oben S. 42 f.
[178] *Fröhler*, a.a.O., S. 690.

sie sich von den in privater Verbandsträgerschaft wahrgenommenen Aufgaben unterscheiden.

Insoweit ist trotz aller Unterschiede ein vorsichtiger Seitenblick zum Rundfunkrecht erlaubt: Sowohl der öffentlich-rechtliche als auch der private Rundfunk erfüllen die Aufgabe der Veranstaltung von Rundfunk. Gleichwohl wird der Aufgabenerfüllung durch die öffentlich-rechtlichen Rundfunkanstalten ein besonderer Stellenwert zuerkannt. Konsequenz ist unter anderem eine besondere Bestands- und Entwicklungsgarantie des Staates und zwar auch in finanzieller Hinsicht[179]. Das heißt, der Staat muß dem öffentlich-rechtlichen Rundfunk durch geeignete Maßnahmen die Teilhabe an den aktuellen programmlichen und technischen Entwicklungen im Rundfunkbereich ermöglichen und sicherstellen, daß die öffentlich-rechtlichen Rundfunkanstalten über die zur Erfüllung ihres öffentlichen Auftrages erforderlichen finanziellen Mittel verfügen. Dem Staat obliegt gegenüber den öffentlich-rechtlichen Rundfunkanstalten eine Finanzgewährleistungspflicht[180].

II. Die staatliche Funktions- und Finanzgewährleistungspflicht gegenüber den Innungen

1. Wahrnehmung staatlicher Aufgaben

Fraglich ist im weiteren, ob dem Staat gegenüber den Innungen deshalb eine Funktions- und Finanzgewährleistungspflicht obliegt, weil sie teils staatliche, teils nichtstaatliche öffentliche Aufgaben erfüllen. Soweit es um die Wahrnehmung staatlicher Aufgaben geht, bildet das Gebot der Effizienz staatlichen Handelns den Ausgangspunkt. Die Verfassung setzt einen leistungsfähigen und leistungsbereiten Staat voraus. Zum Teil wird dem Gebot der Effizienz staatlichen Handelns Verfassungsrang zuerkannt[181]. Und in der Tat ist es ein Gebot der Rechtsstaatlichkeit, daß der nicht um seiner selbst Willen handelnde, sondern dem Gemeinwohl der Bürger ver-

---

[179] BVerfGE 83, 238 (298).
[180] Dazu etwa *Bethge*, DÖV 1988, 97 ff.; *ders.*, AöR 116 (1991), 521 ff.
[181] *Mayer/Kopp*, Allgemeines Verwaltungsrecht, 5. Aufl. 1985, S. 306: „tragendes Verfassungsprinzip"; vgl. im übrigen zu dieser Frage auch *Leisner*, Effizienz als Rechtsprinzip, 1971, S. 24 ff.; *Häberle*, AöR Bd. 98 (1973), 631; *Ossenbühl*, NVwZ 1982, 465; *Degenhart*, DVBl. 1982, 872 (873 f.); *Wahl*, VVDStRL Bd. 41 (1983), 151; *Pietzcker*, VVDStRL Bd. 41 (1983), 193.

pflichtete Staat[182] sowohl die ihm verfassungsrechtlich aufgegebenen als auch die von ihm kraft verfassungsrechtlicher Befugnis übernommenen Aufgaben wirksam und effizient erfüllt. Überträgt der Staat bestimmte ihm per se obliegende Aufgaben oder solche Aufgaben, die er kraft der ihm zustehenden weiten Befassungskompetenz zu staatlichen Aufgaben gemacht hat[183], auf Träger außerhalb der unmittelbaren Staatsverwaltung, muß er eine effiziente Aufgabenerledigung durch entsprechende organisations-, verfahrens- und finanzrechtliche Regelungen sicherstellen. Das BVerfG führt in diesem Zusammenhang nahezu wörtlich aus[184]: Würde der Staat die Aufgaben nicht auf Träger außerhalb der unmittelbaren Staatsverwaltung übertragen, müßte er sie durch seine eigenen Behörden erfüllen. Eine Aufgabenverlagerung kann ihn aber von der Verantwortung für eine ordnungsgemäße und effiziente Erfüllung dieser Aufgaben nicht entlasten. Würden staatliche Behörden tätig, so läge in der Wahrnehmung der Aufgaben durch eine begrenzte Zahl hauptamtlich tätiger und für diese Arbeit speziell vorgebildeter Beamter oder Angestellter bereits eine beachtliche Garantie für die Qualität der Arbeit; sie darf durch die Übertragung auf Stellen außerhalb der unmittelbaren Staatsverwaltung nicht geschmälert werden.

Die rechtsstaatliche Verantwortlichkeit des Staates für eine sachgerechte und effiziente Erledigung staatlicher Aufgaben verlangt, daß der Staat die entsprechenden Träger der mittelbaren Staatsverwaltung durch geeignete organisations- und verfahrensrechtliche Regelungen zu einer wirksamen und effizienten Aufgabenerledigung in die Lage versetzt. Diese staatliche Garantenstellung schließt auch eine Finanzgewährleistungspflicht ein. Eine sachgerechte und effiziente Wahrnehmung staatlicher Aufgaben setzt die Verfügbarkeit der hierfür erforderlichen Geldmittel voraus. Würde der Staat die Aufgaben durch eigene Behörden erfüllen, müßte er die anfallenden Kosten aus seinem Etat bestreiten. Überträgt er diese Aufgaben auf einen neugeschaffenen oder auf einen bereits vorhandenen Träger mittelbarer Staatsverwaltung, muß er gewährleisten, daß die zur effizienten Aufgabenerledigung erforderlichen Mittel verfügbar sind. Errichtet der Staat juristische Personen des öffentlichen Rechts, muß er ihren Funktionsbereich

---

[182] Wobei auch dem Gebot des Gemeinwohlbezuges Verfassungsrang zukommt, *Mayer/Kopp*, Allgemeines Verwaltungsrecht, 5. Aufl. 1985, S. 307; *Detterbeck*, Allgemeines Verwaltungsrecht, 2002, Rn. 252 ff.
[183] Dazu näher oben S. 46 ff.
[184] BVerfGE 17, 371 (379).

regeln und die Finanzierung sicherstellen[185]. Errichtet der Staat zum Zwecke der Erfüllung staatlicher Aufgaben neue Träger der mittelbaren Staatsverwaltung oder überträgt er den schon vorhandenen Trägern staatliche Aufgaben, folgt aus dem staatsgerichteten rechtsstaatlichen Gebot der effizienten Aufgabenerfüllung eine staatliche Funktions- und Finanzgewährleistungspflicht gegenüber dem Träger mittelbarer Staatsverwaltung.

Diese Grundsätze sind auch auf die Innungen übertragbar. Wie oben dargelegt, erfüllen die Innungen in nicht unerheblichem Umfang staatliche Aufgaben. Allerdings beruht die Bildung der einzelnen Innungen auf einem freien Willensentschluß der Handwerker. Die Körperschaftsform ist zwar in § 53 S. 1 HwO gesetzlich vorgeschrieben, auch hängt nach § 53 S. 2 HwO die Rechtsfähigkeit der Innung von der Genehmigung der Satzung durch die zuständige Handwerkskammer, die insoweit als Träger mittelbarer Staatsverwaltung fungiert, ab (§ 56 Abs. 1 HwO). Hierdurch schafft der Staat aber nur die organisations- und verfahrensrechtlichen Voraussetzungen für die Gründung von Innungen und die Entstehung weiterer Träger mittelbarer Staatsverwaltung. Er schreibt sie aber nicht als institutionelle Einrichtung zwingend vor. Dieses Charakteristikum der freiwilligen Verbandsbildung ändert aber nichts daran, daß der Staat die Innungen als Träger mittelbarer Staatsverwaltung konzipiert und ihnen im Bereich der Volkswirtschaft wichtige staatliche Aufgaben anvertraut hat. Der Staat bedient sich der Innungen zur Erfüllung von Aufgaben, die er aus dem rein gesellschaftlichen Bereich ausgegliedert und zu staatlichen Angelegenheiten gemacht hat. Aus diesem Grunde muß er eine effiziente Aufgabenerfüllung ermöglichen und garantieren. Dies schließt ein, daß der Staat entweder selbst die erforderlichen finanziellen Mittel zur Verfügung stellt oder ein Finanzkonzept entwickelt und bereitstellt, das den Innungen die Deckung des erforderlichen Finanzbedarfs ermöglicht.

Der Gesetzgeber hat sich für die zweite Möglichkeit entschieden. § 73 HwO räumt den Innungen das Recht der Beitrags- und Gebührenerhebung ein. Damit allein genügt der Staat aber noch nicht seiner Funktions- und Finanzgewährleistungspflicht gegenüber den Innungen. Die Innungen sind nämlich Teil eines Gesamtkonzepts, in dem ihnen zusammen mit den Handwerkskammern die Interessenvertretung des Handwerks, die aus der Erfüllung staatlicher und sonstiger öffentlicher Aufgaben besteht, obliegt, wobei nach § 113 HwO auch die Handwerkskammern ihre Kosten durch die Erhebung von Beiträgen und Gebühren decken. Aus diesem Grunde

---

[185] *Starck*, in: v. Mangoldt/Klein/Starck, GG, Bd. 1, 4. Aufl. 1999, Art. 5 Rn. 146; *Tettinger*, Kammerrecht, 1997, S. 198.

muß der Staat ein aufeinander abgestimmtes Beitrags- und Gebührensystem der Handwerksinnungen und Handwerkskammern sicherstellen, das sowohl den Innungen als auch den Kammern eine funktionsgerechte Aufgabenerfüllung ermöglicht.

2. Wahrnehmung nichtstaatlicher öffentlicher Aufgaben

Die aus der staatlichen Funktions- und Finanzgewährleistungspflicht abgeleiteten Grundsätze gelten auch, soweit es um die Erfüllung nichtstaatlicher öffentlicher Aufgaben durch die Innungen geht. Neben den als staatlich zu qualifizierenden Aufgaben hat der Staat den Innungen noch weitere Aufgaben übertragen. Hierbei handelt es sich um Angelegenheiten, deren sich der Staat durch eigene Behörden nicht annehmen kann – wie z.B. die Interessenvertretung gegenüber dem Staat – oder nicht annehmen darf. So ist etwa auch das handwerkliche Pressewesen aus Gründen der Pressefreiheit (Art. 5 Abs. 1 S. 2, 1. Var. GG) staatsfrei zu halten[186] und darf deshalb zu keiner staatlichen Angelegenheit gemacht werden. Deshalb ist die Unterstützung des handwerklichen Pressewesens durch die Innungen nach § 54 Abs. 2 Nr. 3 HwO, wozu auch meinungsbildende Maßnahmen einschließlich der Einrichtung eines eigenen Presseorgans gehört[187], keine staatliche Aufgabe. Ebenso verhält es sich beim Abschluß von Tarifverträgen für die Arbeitgeberseite nach § 54 Abs. 3 Nr. 1 HwO.

Durch die Übertragung solcher wenn auch staatsfreier Aufgaben auf Körperschaften des öffentlichen Rechts hat der Staat auch diese Angelegenheiten aus dem rein gesellschaftlichen Bereich herausgehoben und ihnen einen besonders hohen Stellenwert zuerkannt. Die Übertragung der Wahrnehmungs- und Sachkompetenz auf eine juristische Person des öffentlichen Rechts ist Ausdruck eines besonderen öffentlichen Interesses, das der Staat der Aufgabenerfüllung beimißt und ihn veranlaßt hat, diese Angelegenheiten nicht der freien und ungebundenen Beliebigkeit ausschließlich privater Verbandsmacht zu überlassen. Auch in diesen Fällen muß der Staat, wenn er bestimmte Aufgaben zu öffentlichen Angelegenheiten macht und mit ihrer Wahrnehmung einen rechtlich selbständigen Träger öffentlicher Gewalt betraut, eine Finanzierung sicherstellen, die

---

[186] Dazu etwa BVerfGE 20, 162 (175); 80, 124 (132): „Staatsfreiheit [...] der Presse"; *Starck*, in: v. Mangoldt/Klein/Starck, GG, Bd. 1, 4. Aufl. 1999, Art. 5 Rn. 86; *Detterbeck*, ZUM 1990, 371 ff.
[187] *Webers*, in: Aberle, HwO, § 54 Rn. 25.

eine Aufgabenerledigung ermöglicht, die dem öffentlichen Erfüllungsinteresse genügt[188].

Aus eben diesem Grunde müssen diejenigen Länder, die in ihren Hochschulgesetzen verfaßte Studentenschaften als Körperschaften des öffentlichen Rechts vorsehen und ihnen die Wahrnehmung studentischer Interessen übertragen, eine aufgaben- und funktionsgerechte Finanzierung sicherstellen. Ausschließlich oder auch nur vorwiegend staatliche Aufgaben erfüllen die verfaßten Studentenschaften aber ebensowenig wie die Universitäten, deren Gliedkörperschaft sie sind. Auf die staatliche Finanzgewährleistungspflicht gegenüber den öffentlich-rechtlichen Rundfunkanstalten wurde bereits hingewiesen[189]. Auch sie nehmen nichtstaatliche öffentliche Aufgaben wahr. Auch ihre Existenz ist nach Wegfall der Frequenzknappheit kein verfassungsrechtlich zwingendes Gebot (mehr). Eine völlige Privatisierung des Rundfunks wäre nicht unzulässig. Solange der Staat aber öffentlich-rechtliche Rundfunkanstalten vorsieht, muß er eine funktionsgerechte Finanzierung ihrer nichtstaatlichen öffentlichen Aufgaben gewährleisten.

Schließlich ist in der bundesverwaltungs- und bundesverfassungsgerichtlichen Rechtsprechung sowie in der Literatur anerkannt, daß das kommunale Selbstverwaltungsrecht der Gemeinden einen gegen den Staat gerichteten Anspruch auf eine angemessene Finanzausstattung umfaßt, weil eigenverantwortliches Handeln eine entsprechende Leistungsfähigkeit der Selbstverwaltungskörperschaften voraussetze[190]. Dies gilt auch in solchen Ländern, in denen wie z.B. in Bayern keine verfassungsrechtliche Bestimmung über eine generelle Finanzausstattung der Gemeinden existiert[191]. Art. 28 Abs. 2 S. 3 GG hat die schon vor seiner Aufnahme in das Grundgesetz bestehende kommunale Finanzausstattungspflicht nur materiellrechtlich verstärkt[192]. Zwar ist den Gemeinden das Selbstverwaltungsrecht

---

[188] *Tettinger*, Kammerrecht, 1997, S. 198: Pflicht, für eine hinreichende Finanzierung der Wahrnehmung der vom Staat zugewiesenen legitimen öffentlichen Aufgaben zu sorgen.
[189] Oben S. 57.
[190] BVerwGE 106, 280 (287); BayVerfGH NVwZ-RR 1997, 301 (302); NVwZ-RR 1998, 601 (602); StGH Bad.-Württ. DVBl. 1994, 206 (207); DVBl. 1999, 1351 (1354); BrandVerfGH NVwZ-RR 2000, 129 (130); NdsStGH DVBl. 1995, 1175; DVBl. 1998, 185 f.; NVwZ-RR 2001, 553 (554); *Schoch*, in: Ehlers/Krebs (Hrsg.), Grundfragen des Verwaltungsrechts und des Kommunalrechts, 2000, S. 102 f. m. w. Nw.
[191] Dazu die Übersicht von *Schoch*, in: Ehlers/Krebs (Hrsg.), Grundfragen des Verwaltungsrechts und des Kommunalrechts, 2000, S. 133 ff.
[192] BVerwGE 106, 280 (287).

verfassungsrechtlich garantiert, während den Innungen nur ein einfachgesetzlich unterlegtes Selbstverwaltungsrecht zusteht – und auch das ohne ausdrückliche Benennung[193]. Das ändert aber nichts am Rechtsprinzip, daß der Staat für eine Finanzausstattung seiner Körperschaften sorgen muß, die ihnen „eine angemessene und kraftvolle Erfüllung ihrer Aufgaben erlaubt" – wie StGH Bad.-Württ. zu den Gemeinden formuliert[194].

Übereinstimmung mit der bundesverfassungsgerichtlichen Rechtsprechung zur staatlichen Finanzgewährleistungspflicht gegenüber den Gemeinden besteht auch darin, daß dem Staat ein weiter normativer Entscheidungsspielraum zusteht[195], wie er seine Funktions- und Finanzgewährleistungspflicht gegenüber den Innungen erfüllt. Das den Innungen in § 73 HwO eingeräumte Recht zur Erhebung von Beiträgen und Gebühren unter Einschluß der Möglichkeit der Beitreibung nach Maßgabe der landesrechtlichen Kommunalabgabenvorschriften (§ 73 Abs. 4 HwO) ist ein geeignetes Mittel zur Deckung eines funktionsgerechten Finanzbedarfs der Innungen. Fraglich ist allerdings, ob – vor allem wegen des von ihm selbst gewählten Systems der Interessenvertretung im Handwerk – aus der staatlichen Funktions- und Gewährleistungspflicht auch eine Pflicht zur gesetzlichen Anordnung der Pflichtmitgliedschaft in den Innungen (D.) und/oder eine Pflicht zur Durchsetzung eines Kammerbeitrags-Bonussystems für Innungsmitglieder (E.) folgt.

D. Die Rechtsproblematik einer gesetzlichen Innungspflichtmitgliedschaft

I. Rechtstatsächlicher Ausgangspunkt

Wie bereits oben mehrfach gesagt, weist die derzeitige staatliche duale Ordnung des Handwerks sowohl den Handwerkskammern als auch den Handwerksinnungen als öffentliche Grundaufgabe die Vertretung der Interessen des Handwerks zu. Während den Handwerkskammern gem. § 90 Abs. 1 HwO die Vertretung des Gesamtinteresses obliegt, ist die Aufgabe der Innungen gem. §§ 52 Abs. 1 S. 1, 54 Abs. 1 S. 1 HwO auf die Förderung der gemeinsamen gewerblichen Interessen ihrer Mitglieder, das heißt

---

[193] BVerfGE 68, 193 (208) weist ausdrücklich auf das – offenbar aus dem Körperschaftsstatus des § 53 HwO abgeleitete – „Recht auf Selbstverwaltung" hin.
[194] StGH Bad.-Württ. DVBl. 1994, 206 (207); DVBl. 1999, 1351 (1354).
[195] Siehe nur BayVerfGH NVwZ-RR 1997, 301 (303); NVwZ-RR 1998, 601 (602).

eines bestimmten Handwerks und benachbarter Handwerke beschränkt. Einerseits ergänzen sich damit die Aufgaben von Kammern und Innungen. Wie aber bereits näher dargelegt[196], bestehen andererseits auch zahlreiche Überschneidungen. Dies betrifft verschiedene Einzelaufgaben, aber auch die Grundaufgabe der Interessenvertretung des Handwerks.

Die den Kammern obliegende Vertretung des Gesamtinteresses des Handwerks schließt denknotwendig auch die Vertretung des Interesses der verschiedenen Einzelhandwerke ein. Umgekehrt führt die spezifische Vertretung der Interessen der Einzelhandwerke durch die verschiedenen Innungen insgesamt auch zu einer Vertretung des handwerklichen Gesamtinteresses. Beide Einrichtungen erfüllen für die Volkswirtschaft und den gesamten Staat, aber auch für die Gesellschaft bedeutsame staatliche und nichtstaatliche öffentliche Aufgaben. Welchen der beiden Einrichtungen, den Kammern oder den Innungen, die gewichtigere Funktion zukommt, darüber läßt sich streiten. Letztlich kommt es auf diese Frage aber nicht an. Den hohen Stellenwert, den der Staat den Innungen beimißt, belegen schon die Zuerkennung des Körperschaftsstatus (§ 53 Abs. 1 HwO), die damit verbundene Einräumung öffentlich-rechtlicher Handlungsformen sowie die jedenfalls partielle Einbindung in die mittelbare Staatsverwaltung. All dies trifft für die Handwerkskammern in gleicher Weise zu.

Jedoch hat der Staat die Funktionsfähigkeit der Handwerkskammern im Vergleich zu den Innungen in besonderer Weise abgesichert: Die gesetzliche Anordnung einer Pflichtmitgliedschaft in den Kammern gem. § 90 Abs. 2 HwO stellt zum einen sicher, daß die Interessenvertretung durch die Handwerkskammern auf einer breiten personellen Grundlage erfolgt; nicht zuletzt dadurch kommt ihrer Tätigkeit und ihren Äußerungen ein hoher Stellenwert in der rechtspolitischen Auseinandersetzung und in wirtschaftspolitischen Grundsatzdebatten einschließlich der damit zusammenhängenden ökonomischen Verteilungskämpfe zu. Die Pflichtmitgliedschaft stärkt die rechtspolitische Position der Handwerkskammern und ermöglicht ihnen eine effektive Interessenvertretung. Zum anderen verschafft sie den Handwerkskammern eine sichere finanzielle Grundlage. Sie ermöglicht ihnen im Rahmen der Beitragserhebung nach § 113 HwO den finanziellen Zugriff auf grundsätzlich alle selbständigen Handwerker und Inhaber handwerksähnlicher Betriebe innerhalb ihrer Kammerbezirke. Im Vergleich hierzu ist die personelle und finanzielle Basis der Handwerksinnungen wegen der nach § 52 Abs. 1 S. 1 HwO nur fakultativen Innungsmitgliedschaft deutlich schwächer.

---

[196] Siehe oben S. 18 ff., 30 ff.; 34 ff.; siehe auch unten S. 111 f.

Vor allem aber schwächt die gesetzliche Anordnung der Kammerpflichtmitgliedschaft die Position der Innungen. Die Kammerpflichtmitgliedschaft besteht uneingeschränkt auch für Innungsmitglieder. Die Innungsmitglieder sind auch – anders als IHK-Mitglieder[197] – zur Zahlung des vollen Handwerkskammerbeitrages verpflichtet. Ein gesetzlich geregelter Anspruch auf eine auch nur begrenzte Anrechnung des Innungsbeitrages auf den Kammerbeitrag besteht nicht. Auch die von den Kammervollversammlungen nach § 106 Abs. 1 Nr. 5 i.V.m. § 113 Abs. 1 und 2 HwO erlassenen Beitragsordnungen[198] der verschiedenen Handwerkskammern sehen soweit ersichtlich keine Beitragsermäßigungen für Innungsmitglieder vor. Die zum Teil auch durch die Handwerkskammern geleistete Interessenvertretung der einzelnen Handwerke und die mit einer Innungsmitgliedschaft verbundene Beitragsmehrbelastung bewirkt gerade in wirtschaftlich schwierigen Zeiten tendenziell einen Anreiz, den Innungen nicht beizutreten bzw. aus ihnen auszutreten. Dagegen ist ein Austritt aus der Handwerkskammer durch die gesetzlich angeordnete Pflichtmitgliedschaft ausgeschlossen.

Die mit der gesetzlichen Anordnung der Kammerpflichtmitgliedschaft verbundene Schwächung der Rechtsstellung der Innungen wirft die Frage auf, ob der Staat im Falle einer Aufrechterhaltung der Kammerpflichtmitgliedschaft aufgrund seiner gegenüber den Innungen bestehenden Funktions- und Finanzgewährleistungspflicht auch zur gesetzlichen Anordnung der Innungspflichtmitgliedschaft gehalten ist. Die Beantwortung dieser Frage setzt zunächst die Prüfung der Zulässigkeit der gesetzlichen Anordnung einer Innungspflichtmitgliedschaft voraus.

---

[197] Dazu BVerwG GewArch 1978, 54; *Musielak/Detterbeck*, Das Recht des Handwerks, 3. Aufl. 1995, § 113 Rn. 2; *Webers*, in: Aberle, HwO, § 113 Rn. 10; vgl. auch BVerwG GewArch 1992, 28 ff.
[198] Dazu unten S. 108 f.

II. Die Zulässigkeit einer gesetzlichen Innungspflichtmitgliedschaft

1. Vereinbarkeit mit den Grundrechten des Grundgesetzes

a) Ausgangsbefund

Die Frage der grundrechtlichen Zulässigkeit einer gesetzlichen Anordnung der Pflichtmitgliedschaft in öffentlich-rechtlichen berufsständischen Organisationen wird in der Literatur seit langem kontrovers diskutiert[199]. In mehreren Entscheidungen neueren Datums haben sowohl das BVerwG als auch das BVerfG die Verfassungsmäßigkeit der Pflichtmitgliedschaft insbesondere in den Industrie- und Handelskammern und Handwerkskammern bejaht[200]. Beide Gerichte bestätigten ihre bisherige Rechtsprechung zur Frage der verfassungsrechtlichen Zulässigkeit einer gesetzlichen Pflichtmitgliedschaft in öffentlich-rechtlichen Zwangsverbänden auch in grundrechtsdogmatischer Hinsicht. Trotz mancher in der Literatur nach wie vor umstrittener grundrechtstheoretischer Fragen wird im folgenden auf diesen Meinungsstreit nur in groben Zügen eingegangen. Im Vordergrund steht hier die – weder in der Literatur und selbstverständlich auch nicht in der Rechtsprechung diskutierte – Frage der grundrechtlichen Zulässigkeit einer gesetzlichen Innungspflichtmitgliedschaft nach Maßgabe der einschlägigen Rechtsprechung vor allem zu den Industrie- und Handelskammern sowie zu den Handwerkskammern.

b) Die Berufsfreiheit des Art. 12 Abs. 1 GG

Eine gesetzliche Anordnung der Innungspflichtmitgliedschaft berührt nicht den Schutzbereich der Berufsfreiheit des Art. 12 Abs. 1 S. 1 GG bzw. be-

---

[199] Dazu aus jüngerer Zeit umfassend *Tettinger*, Kammerrecht. Das Recht der wirtschaftlichen und der freiberuflichen Selbstverwaltung, 1997; *Kluth*, Verfassungsfragen der Privatisierung von Industrie- und Handelskammern, 1997, S. 7 ff.
[200] BVerwGE 107, 169 ff. (Industrie- und Handelskammern); 108, 169 ff. (Handwerkskammern); NVwZ-RR 2002, 187 f. (Pflichtmitgliedschaft von Apothekern in der Industrie- und Handelskammer); BVerfG NVwZ 2002, 335 ff. (Industrie- und Handelskammern) = DVBl. 2002, 407 ff.; zur Problematik neben den in Fn. 199 genannten etwa *Gornig*, WiVerw 1998, 157 ff.; *Jahn*, GewArch 1998, 453 ff.; *ders.*, GewArch 2002, 98 ff.; *ders.*, GewArch 2002, 353 ff., *Kluth*, NVwZ 2002, 298 ff.; *Löwer*, GewArch 2000, 89 ff.; *Schöbener*, VerwArch. 91 (2000), 374 ff.; *Stober*, GewArch 2001, 393 ff.

deutet keinen Eingriff in dieses Grundrecht. Entgegen einer in der Literatur vertretenen Auffassung[201] ist die Zugehörigkeit zu einem berufsständischen Zwangsverband nur die Folge der Ausübung eines bestimmten Berufes, beeinträchtigt aber weder die durch Art. 12 Abs. 1 S. 1 GG geschützte Wahl eines Berufes noch dessen Ausübung[202]. Anders verhält es sich lediglich bei solchen gesetzlichen Vorschriften, die den Verband zu berufsbezogenen Maßnahmen gegenüber ihren Zwangsmitgliedern ermächtigen[203].

c) Die Meinungsfreiheit des Art. 5 Abs. 1 S. 1 GG

In der älteren Rechtsprechung und Literatur wurde teilweise die Auffassung vertreten, die gesetzliche Anordnung einer Pflichtmitgliedschaft könne unter bestimmten Voraussetzungen deshalb zu einer Verletzung der Pflichtmitglieder in ihrem Grundrecht der Meinungsfreiheit aus Art. 5 Abs. 1 S. 1 GG führen, weil sie Stellungnahmen und Äußerungen ihres Zwangsverbandes auch gegen ihren Willen mittragen müßten. Die Äußerungen des Verbandes würden auch seinen einzelnen Mitgliedern zugerechnet[204]. Diese Auffassung ist schon wegen der rechtlichen Trennung zwischen dem Zwangsverband als einer juristischen Person und den einzelnen Mitgliedern unzutreffend. Da zudem nicht einmal eine faktische Identifikation der Mitglieder mit einzelnen Verlautbarungen ihres Verbandes besteht, bedeuten weder die Anordnung der Pflichtmitgliedschaft einschließlich der dem Verband eingeräumten Befugnis zu öffentlichen Stellungnahmen noch einzelne Verlautbarungen des Verbandes einen Eingriff in den Schutzbereich der Meinungsfreiheit der Verbandsmitglieder[205].

---

[201] *Scholz*, in: Maunz/Dürig/Herzog/Scholz, GG, Art. 9 Rn. 90 a. E.; *Höfling*, in: Sachs, GG, 3. Aufl. 2003, Art. 9 Rn. 24.

[202] BVerfGE 10, 354 (362 f.); 13, 181 (184 ff.); 15, 235 (239); 32, 54 (64); zustimmend *Gornig*, WiVerw 1998, 159; ausdrücklich offengelassen von BVerwGE 107, 169 (173) u. 108, 169 (172).

[203] *Detterbeck*, Zum präventiven Rechtsschutz gegen ultra-vires-Handlungen öffentlich-rechtlicher Zwangsverbände, 1990, S. 92; *Hess*, Grundrechtskonkurrenzen, 2000, S. 234.

[204] OVG Hamburg NJW 1977, 1251 f.; *v. Mutius*, VerwArch. 63 (1972), 455; *Friauf*, in: FS R. Reinhardt, 1972, S. 399.

[205] BVerwGE 107, 169 (177); *Detterbeck*, Zum präventiven Rechtsschutz gegen ultra-vires-Handlungen öffentlich-rechtlicher Zwangsverbände, 1990, S. 95 f.; *Oebbecke*, NVwZ 1988, 396 f.; *Laubinger*, VerwArch. 74 (1983), 279.

d) Die Vereinigungsfreiheit des Art. 9 Abs. 1 GG

Nach ganz herrschender Meinung garantiert Art. 9 Abs. 1 GG nicht nur die positive Vereinigungsfreiheit, das heißt das Recht, Vereine zu bilden, ihnen beizutreten und sich an ihnen beteiligen zu dürfen, sondern auch die negative Vereinigungsfreiheit[206], das heißt das Recht, nicht Mitglied in Vereinen werden zu müssen und aus Vereinen austreten zu dürfen. Die in der Literatur nur ganz vereinzelt geäußerte Annahme einer Beschränkung des Art. 9 Abs. 1 GG auf den Schutz der postiven Vereinigungsfreiheit[207] ist unzutreffend. Der Schutz der freien Verbandsbildung schließt den Schutz vor Zwang zur Verbandsbildung oder zum Verbandsbeitritt notwendig mit ein[208].

Nach gefestigter Rechtsprechung des BVerfG und des BVerwG sowie nach der ihr zustimmenden Literatur schützt Art. 9 Abs. 1 GG aber nicht vor der Pflichtmitgliedschaft in öffentlich-rechtlichen Verbänden und demzufolge die Mitglieder auch nicht vor einem rechtswidrigen Verhalten ihres Verbandes[209]. Einschlägig sei vielmehr die allgemeine Handlungsfreiheit des Art. 2 Abs. 1 GG. Zur Begründung wird vor allem angeführt, da sich die positive Vereinigungsfreiheit nur auf die Gründung privatrechtlicher Vereinigungen erstrecke – die Bürger könnten ohne staatliches Zutun (vgl. § 53 HwO) keine öffentlich-rechtlichen Vereinigungen gründen –, richte sich die negative Vereinigungsfreiheit nur gegen den Zwangszu-

---

[206] BVerfGE 10, 89 (102); 38, 281 (298); 50, 290 (354); 85, 360 (370); NVwZ 2002, 336; BVerwGE 107, 169 (172); *Jarass*, in: Jarass/Pieroth, GG, 6. Aufl. 2002, Art. 9 Rn. 6; *Kemper*, in: v. Mangoldt/Klein/Starck, GG, Bd. 1, 4. Aufl. 1999, Art. 9 Rn. 130; *Löwer*, in: v. Münch/Kunig, GG, Bd. 1, 5. Aufl. 2000, Art. 9 Rn. 19; *Merten*, in: Isensee/Kirchhof (Hrsg.), Handbuch des Staatsrecht, Bd. VI, 1989, § 144 Rn. 55 f.

[207] *Friauf*, a.a.O., S. 389 ff.; *Brohm*, Strukturen der Wirtschaftsverwaltung – Organisationsformen und Gestaltungsmöglichkeiten im Wirtschaftsverwaltungsrecht, 1969, S. 277 f.; *Hellermann*, Die sogenannte negative Seite der Freiheitsrechte, 1993, S. 84, S. 187 ff.

[208] *Scholz*, in: Maunz/Dürig/Herzog/Scholz, GG, Art. 9 Rn. 88; *Bauer*, in: Dreier, GG, Bd. 1, 1996, Art. 9 Rn. 41; *Kemper*, a.a.O., Art. 9 Rn. 130; näher *Schöbener*, VerwArch. 91 (2000), 388 ff.

[209] BVerfGE 10, 89 (102); 10, 354 (361 f.); 12, 319 (323); 15, 235 (239); 32, 54 (64); 38, 281 (297 f.); 78, 320 (329 ff.); NVwZ 2002, 336; BVerwGE 34, 69 (74); 39, 100 (102); 42, 210 (217); 59, 231 (233); 64, 115 (117); 64, 298 (301); 107, 169 (172); *Kemper*, a.a.O., Art. 9 Rn. 81 f.; *Jarass*, a.a.O., Art. 9 Rn. 7; *Merten*, a.a.O., § 144 Rn. 58 ff.; *Jahn*, GewArch 2002, 100 f.

sammenschluß zu privatrechtlichen Vereinigungen. Außerdem wird auf die Entstehungsgeschichte von Art. 9 Abs. 1 GG verwiesen. Große Teile der Literatur weisen diese Auffassung mit dem Argument zurück, von der Reichweite der positiven Vereinigungsfreiheit dürfe nicht auf die Reichweite der negativen Vereinigungsfreiheit geschlossen werden. Auch lege die Entstehungsgeschichte von Art. 9 Abs. 1 GG keineswegs die Beschränkung der negativen Vereinigungsfreiheit auf den Schutz vor der Pflichtmitgliedschaft in privatrechtlichen Verbänden nahe; vielmehr spreche die Entstehungsgeschichte für die gegenteilige Annahme. Vor allem aber gehe es beim Schutz vor öffentlich-rechtlichen Zwangsverbänden nicht um die dem Bürger zweifelsohne nicht mögliche Inanspruchnahme öffentlich-rechtlicher Handlungsformen, sondern um die Abwehr staatlichen Zwangs. Prüfungsmaßstab sei daher Art. 9 Abs. 1 GG[210].

Hier ist nicht der Ort, um grundrechtstheoretische Streitfragen zu diskutieren. Entscheidend ist vielmehr die rechtspraktische Möglichkeit der gesetzlichen Anordnung einer Innungsmitgliedschaft. Diese Möglichkeit hängt jedenfalls dann ausschließlich von den rechtlichen Vorgaben der einschlägigen Rechtsprechung ab, wenn diese über Jahrzehnte hinweg einheitliche und festgefügte Strukturen aufweist und rechtswissenschaftliche Kritik hieran in aktuellen höchstrichterlichen Entscheidungen unmißverständlich zurückgewiesen wurde. Dies gilt umso mehr, als die zur Entscheidung stehende Frage der Zulässigkeit einer Innungspflichtmitgliedschaft selbst bei Zugrundelegung der die Rechtsprechung ablehnenden Auffassung nicht anders zu beurteilen wäre. Sollte die gesetzliche Anordnung einer Innungspflichtmitgliedschaft mit der allgemeinen Handlungsfreiheit des Art. 2 Abs. 1 GG vereinbar sein, verstieße sie auch nicht gegen die negative Vereinigungsfreiheit des Art. 9 Abs. 1 GG. Entgegen anderslautenden Stimmen in der Literatur schützte die nur verfassungsimmanenten Schranken unterliegende negative Vereinigungsfreiheit des Art. 9 Abs. 1 GG die Bürger vor öffentlich-rechtlichen berufsständischen Zwangsver-

---

[210] *Scholz*, in: Maunz/Dürig/Herzog/Scholz, GG, Art. 9 Rn. 90; *Bauer*, in: Dreier, GG, Bd. 1, 1996, Art. 9 Rn. 42; *Höfling*, in: Sachs, GG, 3. Aufl. 2003, Art. 9 Rn. 22; *Rinken*, in: AK-GG, 3. Aufl. 2001, Art. 9 Rn. 58; *Pieroth/Schlink*, Grundrechte, 18. Aufl. 2002 Rn. 730; *Detterbeck*, Zum präventiven Rechtsschutz gegen ultravires-Handlungen öffentlich-rechtlicher Zwangsverbände, 1990, S. 11 ff.; *Kleine-Cosack*, Berufsständische Autonomie und Grundgesetz, 1986, S. 143 ff.; *Schöbener*, VerwArch. 91 (2000), 402 f.; *Gornig*, WiVerw 1998, 160 ff.; *Murswiek*, JuS 1992, 118 f.; *Bethge*, JA 1979, 284 f.

bänden nicht besser als die allgemeine Handlungsfreiheit des Art. 2 Abs. 1 GG[211].

Nach Maßgabe der Rechtsprechung kann die staatliche Errichtung eines öffentlich-rechtlichen Zwangsverbandes nur insoweit mit Art. 9 Abs. 1 GG unvereinbar sein, als mit ihr nicht hinnehmbare Beeinträchtigungen des von diesem Grundrecht gewährleisteten (objektiven) Prinzips der freien Verbandsbildung[212] verbunden sind. Dies wäre dann der Fall, wenn die Anordnung der Pflichtmitgliedschaft den Verbandsmitgliedern rechtlich oder zumindest de facto die Möglichkeit nähme, ihre Interessen durch die Bildung freier privatrechtlicher Verbände zu verfolgen[213]. Eine Innungspflichtmitgliedschaft hinderte die Innungsmitglieder weder tatsächlich noch rechtlich, sich zu privaten Vereinigungen zusammenzuschließen, um ihre gewerblichen Interessen gemeinsam zu verfolgen. Ebenso wie die Industrie- und Handelskammern sowie die Handwerkskammern konkurrieren auch die Innungen im Falle einer Pflichtmitgliedschaft nicht mit frei gegründeten Vereinigungen privaten Rechts. Denn auch die Aufgaben von Pflichtinnungen wären öffentliche in dem Sinne, daß Anliegen des Gemeinwesens verfolgt werden[214].

e) Die Koalitionsfreiheit des Art. 9 Abs. 3 GG

Die gesetzliche Anordnung einer Innungspflichtmitgliedschaft könnte mit der individuellen Koalitionsfreiheit des Art. 9 Abs. 3 GG unvereinbar sein, wenn den öffentlich-rechtlichen Innungspflichtverbänden wie den derzeitigen Innungen die Tariffähigkeit nach § 54 Abs. 3 Nr. 1 HwO zuerkannt würde. Art. 9 Abs. 3 GG garantiert jedem das Recht, zur Wahrung und Förderung der Arbeits- und Wirtschaftsbedingungen Vereinigungen mit dem Recht zum Abschluß von Tarifverträgen zu bilden oder solchen Ver-

---

[211] *Scholz*, in: Maunz/Dürig/Herzog/Scholz, GG, Art. 9 Rn. 90; *Hesse*, Grundzüge des Verfassungsrechts der Bundesrepublik Deutschland, 19. Aufl. 1993 Rn. 414; *Musielak/Detterbeck*, Das Recht des Handwerks, 3. Aufl. 1995, § 90 Rn. 12; *Detterbeck*, Zum präventiven Rechtsschutz gegen ultra-vires-Handlungen öffentlich-rechtlicher Zwangsverbände, 1990, S. 19; *Gornig*, WiVerw 1998, 162 ff., 168, 174; *v. Mutius*, Jura 1984, 197; a. A. *Höfling*, in: Sachs, GG, 3. Aufl. 2003, Art. 9 Rn. 23: „dürften etliche öffentlich-rechtliche Zwangsvereinigungen verfassungsrechtlich kaum zu rechtfertigen sein"; in diese Richtung, jedenfalls kritisch, auch *Rinken*, in: AK-GG, 3. Aufl. 2001, Art. 9 Rn. 58; *Schöbener*, VerwArch. 91 (2000), 404 ff.; *Pietzcker*, JuS 1985, 29.
[212] BVerfGE 38, 281 (302).
[213] BVerwGE 108, 169 (175); vgl. auch BVerfGE 38, 281 (302 f.).
[214] So nahezu wörtlich BVerwGE 108, 169 (175) zu den Unternehmern.

einigungen beizutreten[215] (positive Koalitionsfreiheit) oder ihnen fernzubleiben (negative Koalitionsfreiheit).

Das BVerfG hat die Tariffähigkeit der Innungen und Innungsverbände gem. § 53 Abs. 3 Nr. 1 HwO und gem. § 82 S. 2 Nr. 3 HwO für vereinbar mit der individuellen Koalitionsfreiheit erachtet[216]. Die Vereinbarkeit mit der negativen Koalitionsfreiheit des einzelnen Innungsmitglieds konnte schon deshalb bejaht werden, weil das Gesetz keine Pflichtmitgliedschaft in den Innungen und Innungsverbänden anordnet. Legt man indes aus den oben genannten Gründen die höchstrichterliche Rechtsprechung zum Rechtsschutz gegenüber der Zwangsmitgliedschaft in öffentlich-rechtlichen Verbänden zugrunde[217], beurteilt sich auch die Frage der Verfassungsmäßigkeit einer Pflichtmitgliedschaft in öffentlich-rechtlichen tariffähigen Verbänden nicht nach Maßgabe von Art. 9 Abs. 3 GG, sondern von Art. 2 Abs. 1 GG. Denn Art. 9 Abs. 3 GG berechtigt die Bürger ebensowenig zur Bildung öffentlich-rechtlicher Vereinigungen wie Art. 9 Abs. 1 GG und schützt deshalb in der Konsequenz der höchstrichterlichen Rechtsprechung zu Art. 9 Abs. 1 GG[218] auch nicht vor der Pflichtmitgliedschaft in öffentlich-rechtlichen Verbänden, denen die Tariffähigkeit gesetzlich zuerkannt worden ist. Die Frage der Vereinbarkeit einer gesetzlichen Anordnung der Pflichtmitgliedschaft in tariffähigen öffentlich-rechtlichen Innungen mit der negativen Koalitionsfreiheit der Pflichtmitglieder ist deshalb im Rahmen von Art. 2 Abs. 1 GG zu prüfen[219]. Damit stellt sich nur noch die Frage der Vereinbarkeit mit der individuellen positiven Koalitionsfreiheit der Innungspflichtmitglieder.

Rechtlich bleibt auch im Falle einer Innungspflichtmitgliedschaft die Bildung von Arbeitgeberverbänden im Bereich des Handwerks frei. Die Innungsmitglieder behalten nach wie vor die Möglichkeit, einen besonderen Arbeitgeberverband zu bilden oder sich einem bestehenden anzuschließen und durch ihn einen Tarifvertrag abzuschließen[220]. Auch die tatsächliche Wirkung, die eine gesetzliche Anordnung der Innungspflichtmitgliedschaft auf die Möglichkeit der freien Bildung das Handwerk umfassender Arbeitgeberverbände ausübte, rechtfertigte nicht die Annahme eines Tarifmonopols der Innungen. Zum einen sind die Innungen zum Abschluß

---

[215] BVerfGE 28, 295 (304).
[216] BVerfGE 20, 312 (320 ff.).
[217] Oben S. 68 f.
[218] Dazu näher oben S. 67 f.
[219] Dazu unten S. 72 ff.
[220] So BVerfGE 20, 295 (320 f.) zur Tariffähigkeit der Innungen und Innungsverbände.

von Tarifverträgen nicht verpflichtet. Da der Kreis der Innungspflichtmitglieder weitgehend mit dem der Arbeitgeber deckungsgleich wäre, hätten es die Arbeitgeber zum anderen selbst in der Hand, ob sie über ihre Innung Tarifverträge abschließen oder ob sie zu diesem Zwecke einen besonderen Arbeitgeberverband bilden[221]. Hinzu kommt, daß nach der HwO primär die Landesinnungsverbände berechtigt sind, Tarifverträge abzuschließen (§ 54 Abs. 3 Nr. 1 HwO i.V.m. § 82 S. 2 Nr. 3 HwO). Hierbei handelt es sich nach § 80 S. 1 HwO um privatrechtliche Vereinigungen ohne Pflichtmitgliedschaft (§ 79 Abs. 1 HwO). Da in den meisten Handwerkszweigen die Landesinnungsverbände von ihrem Tarifrecht Gebrauch machen, bilden Tarifverträge zwischen Innungen und Gewerkschaften die Ausnahme[222].

Zu berücksichtigen ist auch, daß es in der Rechtswirklichkeit auf der Arbeitgeberseite – anders als auf der Arbeitnehmerseite – schon von jeher in der Regel in dem einzelnen Wirtschaftszweig nicht mehrere miteinander konkurrierende Arbeitgeberverbände, sondern nur einen Arbeitgeberverband gibt. Die Möglichkeit, mit anderen Arbeitgebern einen konkurrierenden Arbeitgeberverband zu bilden, ist rein theoretischer Natur[223]. Deshalb bedeutete die gesetzliche Anordnung einer Innungspflichtmitgliedschaft auch keine unzulässige faktische Beeinträchtigung der (positiven) individuellen Koalitionsfreiheit der einzelnen Pflichtmitglieder.

Die Errichtung öffentlich-rechtlicher Pflichtinnungen unter Belassung der Tariffähigkeit nach § 54 Abs. 3 Nr. 1 HwO wäre im wesentlichen aus den soeben genannten Gründen auch mit der kollektiven Koalitionsfreiheit des Art. 9 Abs. 3 GG vereinbar. Art. 9 Abs. 3 GG schützt neben der individuellen Koalitionsfreiheit auch die Koalition als solche, ihren Bestand und ihr Recht, durch spezifisch koalitionsgemäße Betätigung die in Art. 9 Abs. 3 genannten Zwecke zu verfolgen[224]. Art. 9 Abs. 3 GG garantiert die Koalitionen institutionell wie funktionell[225]. Es wäre deshalb verfassungswidrig, „wenn eine durch staatlichen Hoheitsakt gegründete Körperschaft dem freien Verband eine Tätigkeit, die er im Rahmen seiner Zielsetzung legitimerweise ausübt, faktisch unmöglich machte."[226] Aus eben diesem Grunde verstieße die Errichtung öffentlich-rechtlicher Arbeitnehmerkam-

---

[221] So BVerfGE 20, 295 (320 f.) zu den Innungen.
[222] *Müller*, in: Aberle, HwO, § 54 Rn. 28.
[223] BVerfGE 20, 312 (322).
[224] BVerfGE 28, 295 (304).
[225] BVerfGE 38, 285 (304).
[226] BVerfGE 38, 285 (303 f.).

mern unter Zuerkennung der Tariffähigkeit gegen die kollektive Koalitionsfreiheit der Gewerkschaften aus Art. 9 Abs. 3 GG[227].
Völlig anders liegen die Dinge dagegen im Falle der gesetzlichen Anordnung tariffähiger öffentlich-rechtlicher Pflichtinnungen. Solche Pflichtinnungen würden den derzeitigen Innungen keine Konkurrenz machen, sondern sie ersetzen. Als auf staatlichem Rechtsakt beruhende Organisationen (§ 53 HwO) garantiert Art. 9 Abs. 1 und Abs. 3 GG die derzeitigen Innungen aber weder individuell noch institutionell. Auf die Frage, ob die Innungen im Rahmen der ihnen durch § 54 Abs. 3 Nr. 1 HwO eingeräumten Tariffähigkeit auch Grundrechtsschutz nach Art. 9 Abs. 3 GG genießen[228], kommt es deshalb in diesem Zusammenhang nicht an. Hinzu kommt, daß es – wie bereits oben gesagt – auf der Arbeitgeberseite in der Regel nur einen tariffähigen Arbeitgeberverband gibt und daß keine echte Möglichkeit der Bildung und Existenz konkurrierender Arbeitgeberverbände besteht[229].

Erst recht keinen Verstoß gegen die kollektive Koalitionsfreiheit des Art. 9 Abs. 3 GG bedeutete es, wenn der Gesetzgeber die derzeitigen Innungen in ihrem Bestand unangetastet ließe und das rechtliche Kriterium der Pflichtmitgliedschaft lediglich hinzukäme. Ergänzend ist schließlich mit dem BVerfG auf den Umstand hinzuweisen, daß die Innungen in der Zeit bis 1933 als tariffähig angesehen wurden, obwohl sie Zwangscharakter hatten[230].

f) Die allgemeine Handlungsfreiheit des Art. 2 Abs. 1 GG

aa) Anordnung der Pflichtmitgliedschaft als Grundrechtseingriff

Die Anordnung einer Pflichtmitgliedschaft in einem öffentlich-rechtlichen Verband bedeutet einen Eingriff in die (weit zu fassende) allgemeine Handlungsfreiheit der einzelnen Mitglieder[231]. Die in der Literatur zum

---

[227] Dazu BVerfGE 38, 285 (305 ff.); *Bethge/Detterbeck*, JuS 1993, 45 f.
[228] Vgl. dazu *Scholz*, in: Maunz/Dürig/Herzog/Scholz, GG, Art. 9 Rn. 196 ff.; BVerwGE 90, 88 (95); nach BVerfGE 70, 1 (20 f.) sind die Innungen partiell grundrechtsfähig; vgl. auch BVerfG NVwZ 1994, 262 f.
[229] BVerfGE 20, 312 (322).
[230] BVerfGE 20, 312 (319).
[231] BVerfGE 10, 89 (97); 38, 280 (301 f.); BVerwGE 107, 169 (173); 109, 97 (99); *Pietzcker*, NJW 1987, 305 f.; *Meßerschmidt*, VerwArch. 81 (1990), 65; *Detterbeck*, Zum präventiven Rechtsschutz gegen ultra-vires-Handlungen öffentlich-rechtlicher Zwangsverbände, 1990, 6 ff.

Teil geäußerte Auffassung, die Pflichtmitgliedschaft sei ein bloß organisatorisches Problem, sie stelle ebensowenig einen Grundrechtseingriff dar wie die Zugehörigkeit des Bürgers zu Bund, Land oder Gemeinde[232], verkennt die grundrechtliche individuelle Betroffenheit des einzelnen Pflichtmitglieds. Die Mitgliedschaft in vom Staat eigens geschaffenen Zwangsverbänden ist die Ausnahme von der üblichen Unterworfenheit des Bürgers unter die sonstige Staatsgewalt. Dagegen wird die Eingliederung in die Gebietskörperschaften vom Grundgesetz als Normalfall vorausgesetzt und stellt deshalb für sich gesehen keinen Grundrechtseingriff dar. Bedient sich aber der Staat zur Erfüllung bestimmter Aufgaben spezieller Pflichtverbände, so wird das einzelne Mitglied über die jeden Bürger bei der Bewältigung staatlicher Aufgaben treffenden Belastungen hinaus durch den ständigen Zwangszusammenschluß in spezifischer Weise in die staatliche Aufgabenerfüllung eingebunden. Nicht erst die aus der Pflichtmitgliedschaft folgenden Belastungen wie z. B. Beitragspflichten, Anzeigepflichten oder Befugnisse des Verbandes zur Aufsicht über die berufliche Tätigkeit seiner Mitglieder bewirken eine Grundrechtsbetroffenheit. Vielmehr stellt bereits die bloße zwangsweise Inpflichtnahme für sich genommen einen, wenn auch nicht von vornherein unzulässigen Eingriff in die allgemeine Handlungsfreiheit, die auch das Recht einschließt, nicht Mitglied von Vereinigungen zu sein, der einzelnen Mitglieder dar[233]. Die Anordnung der Pflichtmitgliedschaft darf deshalb nur durch oder aufgrund eines formellen Gesetzes erfolgen, das zur verfassungsmäßigen Ordnung im Sinne von Art. 2 Abs. 1 GG gehört. Das heißt, das Gesetz muß in formeller wie materieller Hinsicht vollumfänglich mit dem Grundgesetz vereinbar sein[234].

---

[232] *Fröhler/Oberndorfer*, Körperschaften des öffentlichen Rechts und Interessenvertretung, 1974, S. 77; *Stober*, Rechtsfragen bei Mitgliederklagen, 1984, S. 62; *Laubinger*, VerwArch. 74 (1983), 279 f.; *Kluth*, Funktionale Selbstverwaltung, 1997, S. 306; ders., Jura 1989, 412; *Hellermann*, Die sogenannte negative Seite der Freiheitsrechte, S. 188, 193 ff.
[233] Ausdrücklich BVerwGE 59, 231 (234 f.); 107, 169 (172); 108, 169 (172); ebenso *Detterbeck*, Zum präventiven Rechtsschutz gegen ultra-vires-Handlungen öffentlich-rechtlicher Zwangsverbände, 1990, S. 7 f.; *Gornig*, WiVerw 1998, 169 f.
[234] Grundlegend BVerfGE 6, 32 ff.

bb) Verfassungsmäßigkeit des Grundrechtseingriffs

aaa) Zuweisung legitimer öffentlicher Aufgaben

Eine wichtige materiell-rechtliche Voraussetzung für die Errichtung eines öffentlich-rechtlichen Pflichtverbandes ist, daß der Verband legitime öffentliche Aufgaben erfüllt. Damit sind Aufgaben gemeint, an deren Erfüllung ein gesteigertes Interesse der Gemeinschaft besteht, die aber so geartet sind, daß sie weder allein im Wege privater Initiative wirksam wahrgenommen werden können noch zu den im engeren Sinne staatlichen Aufgaben zählen, die der Staat selbst durch seine Behörden wahrnehmen muß[235]. Bei der Einschätzung, ob diese Voraussetzungen erfüllt sind, kommt dem Staat ein weites Ermessen zu[236].

Wie bereits oben ausführlich dargelegt, nehmen die Innungen eine ganze Reihe staatlicher Aufgaben wahr[237]. Soweit die Innungen staatliche Aufgaben wahrnehmen wie insbesondere bei der Regelung und Überwachung der Lehrlingsausbildung, der Abnahme von Gesellenprüfungen und Errichtung von Gesellenprüfungsausschüssen, der Mitwirkung bei der Verwaltung der Berufsschulen, der Erstattung von Gutachten und Auskünften gegenüber Behörden, der Beratung der Vergabestellen bei der Vergabe öffentlicher Lieferungen und Leistungen sowie der gütlichen Streitbeilegung durch entsprechende Innungsausschüsse, unterliegt es keinem Zweifel, daß an ihrer Erfüllung ein gesteigertes Interesse der Gemeinschaft besteht. Die diesbezügliche Tätigkeit der Innungen fügt sich in ein Gesamtbild staatlicher Sozialverwaltung und staatlicher Wirtschafts- und Sozialpolitik ein, ohne daß dies für jede einzelne von den Innungen entfaltete Tätigkeit besonders belegt werden müßte[238].

Legitime öffentliche Aufgaben sind aber auch die von den Innungen wahrgenommenen nichtstaatlichen öffentlichen Aufgaben. Wie ebenfalls bereits oben dargelegt, ist der Staat nicht daran gehindert, der Förderung und Vertretung der gemeinsamen wirtschaftlichen Interessen bestimmter Berufszweige dann ein gesteigertes öffentliches Interesse beizumessen,

---

[235] BVerfGE 38, 281 (299); NVwZ 2002, 336.
[236] So zuletzt BVerfG NVwZ 2002, 336, im Anschluß an BVerfGE 38, 281 (297 f.); 10, 89 (102); ebenso BVerwGE 109, 97 (101) zur Prüfung der Erforderlichkeit der Errichtung von Zwangsverbänden; zustimmend *Bethge*, JA 1979, 287; a. A. *Mußgnug*, in: FS K. Doehring, 1989, S. 673.
[237] Oben S. 53 ff.
[238] So BVerfGE 38, 281 (301) zur Pflichtmitgliedschaft in öffentlich-rechtlichen Arbeitnehmerkammern.

wenn durch die Bündelung dieser Interessen eine positive Wirkung auf die Gesamtwirtschaft ausgehen kann[239]. Ebenso verhält es sich bei der verbandsmäßigen Interessenförderung der einzelnen Handwerke. Sie ist zur Stützung und Belebung des gesamten Handwerks, das nach wie vor einen volkswirtschaftlich hohen Stellenwert einnimmt, geeignet und vermag der gesamten Wirtschaft und dem Arbeitsmarkt positive Impulsive zu verleihen. Letztlich dient die Förderung der einzelnen Handwerke dem Gemeinwohl. Sie liegt damit nicht nur im individuellen Interesse der Innungsmitglieder, sondern auch im gesteigerten Allgemeininteresse.

Auch das BVerfG hat bei den Industrie- und Handelskammern ausdrücklich zwischen der „Vertretung der gewerblichen Wirtschaft" und der „Wahrnehmung von Verwaltungsaufgaben auf wirtschaftlichem Gebiet" als „zwei unterschiedlichen Aufgabenkomplexen" getrennt, dann aber beide als legitime öffentliche Aufgaben qualifiziert[240]. Dabei hat es auf die Kombination der beiden Aufgabenstellungen hingewiesen, durch die der Sachverstand und die Interessen der vereinnahmten Wirtschaftssubjekte gebündelt, strukturiert und ausgewogen in den wirtschaftspolitischen Willensbildungsprozeß eingebracht würden und gleichzeitig der Staat in der Wirtschaftsverwaltung entlastet werde[241]. Nicht anders verhält es sich bei den derzeitigen Innungsaufgaben. Auch hier hat der Gesetzgeber zwischen staatlichen Aufgaben und nichtstaatlichen öffentlichen Aufgaben nicht klar getrennt. Übergeordnete und Grundaufgabe der Innung ist gem. § 54 Abs.1 S. 1 HwO vielmehr die Förderung der gewerblichen Mitgliederinteressen, die – wie die nachfolgenden zumal nicht abschließenden Aufgabenbeschreibungen zeigen – zugleich in der Wahrnehmung auch staatlicher Aufgaben bestehen kann. Die Erfüllung der den Innungen obliegenden staatlichen Aufgaben fördert zugleich das gewerbliche Interesse der Innungsmitglieder wie umgekehrt die Förderung der gewerblichen Mitgliederbelange im wirtschaftspolitischen Interesse des Staates liegt und jedenfalls mittelbar die Erfüllung staatlicher Aufgaben fördert. Insgesamt besteht damit insoweit auch an der Erfüllung der Innungsaufgaben ein gesteigertes öffentliches Interesse.

Das BVerfG hat in seiner Rechtsprechung zur Frage der Zulässigkeit der Pflichtmitgliedschaft in den Industrie- und Handelskammern das gesteigerte öffentliche Interesse an der Aufgabenerfüllung durch diese Körperschaften unter anderem damit begründet, es gehe nicht um „reine Interes-

---
[239] Dazu näher oben S. 46 f.
[240] BVerfG NVwZ 2002, 336 unter Hinweis auf BVerfGE 15, 235 (241).
[241] BVerfG NVwZ 2002, 336.

senvertretung". Anders als die Fachverbände, die primär die Interessen ihre Wirtschaftszweige verträten, sei es die gesetzliche Pflicht der Industrie- und Handelskammern, das Gesamtinteresse der gewerblichen Wirtschaft im Auge zu behalten und die wirtschaftlichen Interessen einzelner Gewerbezweige oder Betriebe lediglich abwägend und ausgleichend zu berücksichtigen; es sei ihnen die gesetzliche Verantwortung dafür auferlegt, im Rahmen ihrer Aufgabe, die gewerbliche Wirtschaft im ganzen zu fördern, das höchstmögliche Maß von Objektivität walten zu lassen[242].

Anders als die Industrie- und Handelskammern, aber auch die Handwerkskammern vertreten die Innungen nicht das Gesamtinteresse der gewerblichen Wirtschaft bzw. des Handwerks, sondern nur das Interesse einzelner Handwerke. Dieser Umstand spricht indes nicht gegen die Annahme eines gesteigerten öffentlichen Interesses an der Wahrnehmung der den Innungen obliegenden Aufgaben. So hat auch das BVerfG in seiner letzten Entscheidung zur Pflichtmitgliedschaft in den Industrie- und Handelskammern betont, es bedürfe nicht der Prüfung, ob auch eine reine Interessenvertretung in einer Gesellschaft mit entwickeltem Verbandswesen noch öffentlich-rechtlich organisiert werden dürfe[243]. Auch wenn das BVerfG diese Frage offenläßt, wird allein schon durch die Fragestellung die Verfassungsmäßigkeit einer öffentlich-rechtlich organisierten reinen Interessenvertretung nicht ausgeschlossen. Vor allem aber obliegt den Innungen, die zudem bereits de lege lata öffentlich-rechtlich organisiert sind, nicht die gesetzliche Aufgabe einer reinen Interessenvertretung. Wie oben im einzelnen dargelegt wurde[244], erfüllen die Innungen eine ganze Reihe staatlicher Aufgaben, deren Wahrnehmung zwar auch die Interessen der einzelnen Handwerke fördert, aber mindestens in gleicher Weise im besonderen öffentlichen Interesse liegt.

Ein gesteigertes öffentliches Interesse besteht aber auch an der gewerblichen Förderung der einzelnen Handwerke als solcher, ohne daß damit zugleich auch unmittelbar staatliche Aufgaben erfüllt würden. Das BVerfG hat die Erhaltung des Leistungsstandes und der Leistungsfähigkeit des Handwerks als ein wichtiges Gemeinschaftsinteresse bezeichnet[245]. Zur Begründung hat es unter anderem auf den Bundesgesetzgeber hingewiesen, der das Handwerk als einen „volkswirtschaftlich unentbehrlichen Zweig

---

[242] BVerfGE 15, 235 (241); NVwZ 2002, 335 (337); zu den Handwerkskammern vgl. BVerfGE 32, 54 (64).
[243] BVerfG NVwZ 2002, 335 (337).
[244] Oben S. 57 ff.
[245] BVerfGE 13, 97 (107 f.).

der gewerblichen Wirtschaft und einen besonders wichtigen Teil des Mittelstandes" angesehen habe[246]. Ein leistungsstarkes Gesamthandwerk, dessen Erhaltung im gesteigerten öffentlichen Interesse liegt, setzt aber leistungsstarke Einzelhandwerke voraus. Gerade die gezielte individuelle Förderung der einzelnen Handwerke stärkt in ihrer Summe das Gesamthandwerk und damit auch die Volkswirtschaft und liegt deshalb im besonderen öffentlichen Interesse.

Zudem belegt die IHK-Entscheidung des BVerwG, daß die Förderung des gewerblichen Gesamtinteresses keine unabdingbare Voraussetzung für die Annahme einer legitimen öffentlichen Aufgabe ist. Dem von den Kritikern an der IHK-Pflichtmitgliedschaft erhobenen Vorwurf, die Wahrnehmung eines Gesamtinteresses der Pflichtmitglieder stelle sich aufgrund der Unterschiedlichkeit der wirtschaftlichen Betätigungen und der Gegensätzlichkeiten bestimmter Einzelinteressen der Mitglieder als bloße Fiktion dar und sei an der Realität vorbei zur öffentlichen Aufgabe erhoben worden, setzt das BVerwG das Argument entgegen, es liege im Gestaltungsspielraum des Gesetzgebers, ein Gesamtinteresse einer z.T. recht inhomogenen Mitgliedschaft anzunehmen[247]. Nicht anders liegen die Dinge im Handwerk. Auch hier sind die Interessen der einzelnen Handwerke z.T. sehr unterschiedlich. Die Annahme eines von den Handwerkskammern vertretenen Gesamtinteresses des Handwerks liegt (nur) im Gestaltungsspielraum des Gesetzgebers. Innerhalb des Gestaltungsspielraums des Gesetzgebers lägen dann aber auch die Annahme eines gesteigerten öffentlichen Interesses an der Förderung der Einzelhandwerke und die Anordnung der Innungspflichtmitgliedschaft. Demgemäß begegnet auch die Pflichtmitgliedschaft in anderen reinen berufsständischen Organisationen, denen wie etwa den Apothekerkammern die Wahrung der Berufs- und Standesinteressen der Mitglieder obliegt[248], keinen verfassungsrechtlichen Bedenken.

bbb) Verhältnismäßigkeit

Die Wahrnehmung legitimer öffentlicher Aufgaben durch die Innungen allein genügt nicht, um sie gesetzlich als öffentlich-rechtliche Pflichtverbände zu konzipieren. In der Anordnung einer Pflichtmitgliedschaft liegt

---

[246] BVerfGE 13, 97 (107); auf diese Äußerung des BVerfG hat das BVerwG in seiner Entscheidung zur Pflichtmitgliedschaft in den Handwerkskammern ausdrücklich Bezug genommen, BVerwGE 108, 169 (173).
[247] BVerwGE 107, 169 (175).
[248] BVerwG NVwZ-RR 2002, 187.

ein Eingriff in das Grundrecht der allgemeinen Handlungsfreiheit der Pflichtmitglieder, der nur dann von der Schranke der verfassungsmäßigen Ordnung gedeckt ist, wenn er verhältnismäßig ist[249]. Die damit erforderliche Prüfung des Verhältnismäßigkeitsgrundsatzes erstreckt sich auch auf die Frage der Aufgabenwahrnehmung im Wege privater Eigeninitiative oder unmittelbar durch staatliche Behörden, die das BVerfG als Kriterium des Begriffs „legitime öffentliche Aufgabe" genannt hat. Bei der Prüfung des Verhältnismäßigkeitsprinzips ist zu berücksichtigen, daß dem Gesetzgeber bei der Beurteilung der Eignung und Erforderlichkeit einer gesetzlichen Maßnahme – nichts anderes kann für die Angemessenheit gelten – ein weiter Einschätzungsspielraum zusteht[250].

(1) Geeignetheit

Die gesetzliche Anordnung einer Innungspflichtmitgliedschaft ist zweifellos geeignet, das Interesse der einzelnen Handwerke zu fördern. Die zwangsweise Vereinnahmung sämtlicher selbständig Tätiger eines Handwerks ermöglicht den Innungen eine effektive Vertretung der Interessen der einzelnen Handwerke und der ihnen vor allem in § 54 HwO im einzelnen zugewiesenen Aufgaben.

(2) Erforderlichkeit

Die Pflichtmitgliedschaft ist weiterhin nur dann verhältnismäßig, wenn sie auch erforderlich ist, d.h., wenn es kein anderes gesetzliches Mittel gibt, das die Mitglieder weniger spürbar in ihrem Grundrecht der allgemeinen Handlungsfreiheit beeinträchtigt, aber eine ebenso effektive Interessenförderung ermöglicht. Es stellt sich die vom BVerfG unter dem Stichwort Schutz vor unnötigen Pflichtverbänden[251] erörterte Frage, ob die Anordnung einer Pflichtmitgliedschaft deshalb überflüssig wäre, weil die Interessen der einzelnen Handwerke schon seit langem von den freien öffentlich-rechtlichen Innungen vertreten werden. Hier ist auf die zutreffende Argumentation des BVerfG und des BVerwG hinzuweisen, wonach die zwangsweise Vereinnahmung des gesamten gesetzlichen Adressatenkreises eine weitaus größere Mitgliederzahl garantiert und damit eine effektivere Ver-

---

[249] BVerfGE 38, 281 (301 f.).
[250] BVerfGE 25, 1 (20); 30, 292 (319); 77, 84 (109, 111); 81, 70 (90 f.); 90, 145 (173); 96, 10 (23 ff.); NVwZ 2002, 335 (337); BVerwGE 109, 97 (101).
[251] BVerfGE 38, 281 (302); ebenso BVerwGE 109, 97 (99).

tretung der Mitgliederinteressen als eine freiwillige Mitgliedschaft, die nach aller Lebenserfahrung zu einer weit geringeren Mitgliederzahl führt[252].

Ist der Verbandsbeitritt freiwillig, hängt zudem die Zusammensetzung der Mitgliedschaft vom Zufall ab. Die Verbände sind auf die Werbung von Mitgliedern angewiesen. Finanzstarke Mitglieder könnten sich in den Vordergrund drängen und mit Austrittsdrohungen die Berücksichtigung ihrer Sonderinteressen und Sonderauffassungen erzwingen[253]. Ob diese vom BVerfG erkannten Gefahren sich bei den derzeitigen Innungen tatsächlich verwirklicht haben, ist unerheblich. Die Anordnung einer Pflichtmitgliedschaft wirkt diesen Gefahren jedenfalls entgegen.

Der Erforderlichkeit der Anordnung einer Innungspflichtmitgliedschaft steht auch nicht entgegen, daß die Interessen des Handwerks bereits von den Handwerkskammern vertreten werden. Obwohl sich die einzelnen Aufgaben der Handwerkskammern und Handwerksinnungen häufig überschneiden[254], ist die Förderung der Interessen der einzelnen Handwerke durch die Innungen wirksamer als durch die Handwerkskammern. Letzteren obliegt primär, die Interessen des gesamten Handwerks zu fördern – was die Förderung einzelner Handwerke freilich nicht ausschließt – und für einen gerechten Ausgleich der Interessen der einzelnen Handwerke zu sorgen[255].

Schließlich wäre die Anordnung einer Innungspflichtmitgliedschaft dann nicht erforderlich, wenn der Staat die den Innungen obliegenden Aufgaben ebensogut durch staatliche Behörden erfüllen könnte. Hier ist es schon sehr fraglich, ob der Staat die den Innungen obliegenden nichtstaatlichen öffentlichen Aufgaben[256] gewissermaßen verstaatlichen und durch staatliche Behörden erfüllen dürfte. Die Erfüllung jedenfalls der nichtstaatlichen öffentlichen Aufgaben ist durch die Innungen sachnäher und wegen der Beteiligung der Betroffenen durch selbstgewählte Organe auch freiheitssichernder als durch staatliche Behörden[257]. Nichts anderes gilt aber auch für die Erfüllung der den Innungen obliegenden staatlichen Aufgaben. Eine

---

[252] BVerfGE 15, 235 (342); BVerwGE 107, 169 (176); 108, 169 (174); vgl. auch BVerfG NVwZ 2002, 335 (337).
[253] So nahezu wörtlich BVerfGE 15, 235 (243); ebenso BVerwGE 107, 169 (176); 108, 169 (174).
[254] Dazu im einzelnen oben S. 18 ff; 30 ff.; 34 ff. und unten S. 111 f.
[255] BVerwGE 108, 169 (172).
[256] Dazu oben S. 56 f.
[257] So BVerfG NVwZ 2002, 335 (337) allgemein zu den Industrie- und Handelskammern.

unmittelbare Wahrnehmung dieser Aufgaben durch den Staat könnte das auch rechtspolitisch zulässige Ziel der Eigenwahrnehmung durch die Betroffenen, deren Sachkompetenz der Staat zur Entfaltung volkswirtschaftlich förderlicher Rahmenbedingungen auch für sich selbst nutzbar machen will, nicht erreichen[258]. Insoweit ist auch zu berücksichtigen, daß aus dem gesamten Aufgabenkomplex nicht einzelne Aufgaben herausgegriffen werden dürfen, die – isoliert betrachtet – auch ebensogut von staatlichen Behörden wahrgenommen werden könnten[259].

(3) Angemessenheit

Schließlich darf die Anordnung einer Innungspflichtmitgliedschaft die Mitglieder nicht übermäßig belasten. Das heißt, bei einer Gesamtabwägung zwischen der Schwere des Eingriffs und dem Gewicht sowie der Dringlichkeit der ihn rechtfertigenden Gründe muß die Grenze der Zumutbarkeit für die Innungsmitglieder gewahrt sein[260]. Eine Zwangsinkorporierung in die Innungen schränkt die allgemeine Handlungsfreiheit der Betroffenen nicht erheblich ein[261]. Teile der Literatur verneinen sogar grundsätzlich einen Eingriff in Grundrechte der Pflichtmitglieder[262]. In diesem Zusammenhang ist nicht nur das allgemeine volkswirtschaftliche Interesse an einer möglichst effektiven Förderung der einzelnen Handwerke zu berücksichtigen. In die Abwägung einzustellen sind auch die Chance der Innungsmitglieder zur unmittelbaren Beteiligung und Mitwirkung an staatlichen und öffentlichkeitsrelevanten Entscheidungsprozessen[263] und die Möglichkeit zur Nutzung der besonderen Innungsleistungen. Zugleich besteht aber auch kein Zwang zur aktiven Mitwirkung an den Innungsaufgaben.

Diesen Vorteilen einer Innungspflichtmitgliedschaft stehen im wesentlichen nur die in der Zwangsmitgliedschaft als solcher liegende Beeinträchtigung der negativen Vereinigungsfreiheit sowie die den Mitgliedern oblie-

---

[258] BVerfG NVwZ 2002, 335 (337) zu den Industrie- und Handelskammern; vgl. auch BVerwGE 107, 169 (175); 108, 169 (174).
[259] BVerfG NVwZ 2002, 335 (337).
[260] Vgl. BVerfGE 90, 145 (173).
[261] BVerfG NVwZ 2002, 335 (337) u. BVerwGE 107, 169 (177) zu den Industrie- und Handelskammern; BVerwGE 108, 169 (174) zu den Handwerkskammern; in BVerfGE 38, 280 (301 f.) war demgegenüber noch von einem „empfindlichen" Eingriff in das Grundrecht der individuellen Freiheit des Verhaltens im Wirtschafts- und Arbeitsleben die Rede.
[262] Oben Fn. 232.
[263] BVerfG NVwZ 2002, 335 (337).

genden Beitragspflichten[264] gegenüber. Die in der Beeinträchtigung der negativen Vereinigungsfreiheit liegende Beschränkung der allgemeinen Handlungsfreiheit belastet die Pflichtmitglieder objektiv gesehen nicht schwer. Dies gilt auch für den Fall, daß den Pflichtinnungen die Tariffähigkeit nach § 54 Abs. 3 Nr. 1 HwO zuerkannt wird. Eine Tariffähigkeit der Innungen führt zu keinen über die bloße Pflichtmitgliedschaft hinausgehenden Beeinträchtigungen der negativen Vereinigungsfreiheit gegenüber öffentlich-rechtlichen Pflichtverbänden, die nach der Rechtsprechung ein Unterfall der allgemeinen Handlungsfreiheit ist.

Genügt die Beitragsbemessung den spezifisch beitragsrechtlichen Grundsätzen des allgemeinen Gleichheitssatzes und des Äquivalenzprinzips[265], die die Beitragslast der Pflichtmitglieder begrenzen, ist auch die Erhebung eines Pflichtbeitrages zumutbar. Denn die Tätigkeit von Pflichtinnungen bestünde trotz der Wahrnehmung öffentlicher Aufgaben primär in der Wahrnehmung des Interesses ihrer Mitglieder und der Förderung ihrer wirtschaftlichen Belange. Dies rechtfertigt es, den Mitgliedern die den Innungen erwachsenden Kosten aufzubürden[266], soweit sie aus den Erträgen des Vermögens oder aus anderen Einnahmen keine Deckung finden[267].

g) Resümee

Die gesetzliche Anordnung einer Pflichtmitgliedschaft in den Handwerksinnungen wäre nach alledem verfassungsrechtlich nicht zu beanstanden. Im übrigen ist die Idee der staatlichen Anordnung von Pflichtinnungen weder lebensfremd noch neu. Vielmehr sah wie bereits oben näher erläutert[268] § 7 des Gesetzentwurfs zur HwO vom 6. Oktober 1950[269] die Einrichtung von Pflichtinnungen unter bestimmten Voraussetzungen vor. Ausschlaggebend für den Verzicht auf diese Option waren neben Zweifeln an der Vereinbarkeit einer Pflichtinnung mit den Grundsätzen des amerikanischen Besatzungsstatuts vor allem die Annahme der Unvereinbarkeit mit der Vereinigungs- und Koalitionsfreiheit des Art. 9 GG und die Annahme, Pflichtin-

---

[264] Das BVerfG sieht die Beitragslast als einen Aspekt der Erforderlichkeit, BVerfG NVwZ 2002, 335 (337); wie hier dagegen BVerwGE 107, 169 (177); 108, 169 (174 f.).
[265] Dazu im einzelnen unten S. 110 ff., 116 ff.
[266] Vgl. BVerfG NVwZ 2002, 335 (337).
[267] Vgl. § 73 Abs. 1 S. 1 HwO.
[268] Oben S. 25 ff.
[269] BT-Drs. I/1428.

nungen könne keine Tariffähigkeit zuerkannt werden[270]. Daß diese verfassungsrechtlichen Bedenken gegenüber der staatlichen Errichtung von Pflichtinnungen unbegründet sind, wurde soeben im einzelnen belegt.

2. Vereinbarkeit mit der Europäischen Menschenrechtskonvention (EMRK)

a) Innerstaatliche Bindungswirkung und materielle Gewährleistungen der EMRK

Eine Pflichtmitgliedschaft in Handwerksinnungen könnte gegen die Europäische Menschenrechtskonvention (EMRK) verstoßen und daher unzulässig sein. Die EMRK ist ein völkerrechtlicher Vertrag, der am 4. November 1950 von den Mitgliedstaaten des Europarates[271] unterzeichnet wurde. Als völkerrechtlichem Vertrag kommt der EMRK im Recht der Unterzeichnerstaaten eine unterschiedliche Stellung zu. Während die EMRK z. B. in Österreich Verfassungsrang besitzt, hat sie in der Bundesrepublik Deutschland insgesamt den Rang eines einfachen Bundesgesetzes[272]. Soweit einzelne Rechte der EMRK allerdings zugleich allgemein anerkanntes Völkergewohnheitsrecht darstellen, zählen sie zu den allgemeinen Regeln des Völkerrechts i.S.v. Art. 25 GG S. 1 GG[273]. Sie gehen dann gem. Art. 25 S. 2 GG im Rang den Gesetzen vor. Zu beachten ist zudem, daß das BVerfG bei der Interpretation des Grundgesetzes auch die EMRK heranzieht, sofern dies den Grundrechtsschutz des Grundgesetzes nicht ein-

---

[270] *Aberle*, HwO, Nr. 105, S. 33.

[271] Der Europarat ist eine 1949 gegründete eigenständige internationale Organisation und hat seinen Sitz in Straßburg. Er ist nicht mit dem Europäischen Rat, der das einzige Organ der EU ist, zu verwechseln. Dem Europarat gehören mittlerweile 43 Mitgliedstaaten an. Die Europäische Menschenrechtskonvention mit ihren 11 Protokollen stellt den wichtigsten im Rahmen des Europarates ausgearbeiteten Vertrag dar. Sie trat 1953 nach der Ratifizierung durch 10 Staaten in Kraft. Heute sind 41 Staaten Vertragstaaten der EMRK.

[272] BVerfGE 19, 342 (347); 74, 358 (370); 82, 106 (114); a.A. *Bleckmann*, Verfassungsrang der Europäischen Menschenrechtskonvention?, EuGRZ 1994, 149 ff., der der EMRK Verfassungsrang beimißt.

[273] Vgl. zum Begriff der „allgemeinen Regeln des Völkerrechtes" in Art. 25 GG: BVerfGE 23, 288 (317); 31, 145 (177); *Silagi*, EuGRZ 1980, 632 (633 ff.); *Schweitzer*, Staatsrecht III, Rn. 471 ff.; *Steinberger*, HdBStR VII, § 173; *Bungert*, DÖV 1994, 797; *Geck*, Festgabe Bundesverfassungsgericht und Grundgesetz, Bd. II, 1976, 125 ff.; *Koenig*, in: v. Mangoldt/Klein/Starck, GG, Bd. 2, 4. Aufl., Art. 25 Rn. 25 ff.

schränkt oder mindert[274]. Zumindest mittelbar kann die EMRK daher auch auf Verfassungsebene Schutzwirkung entfalten.

Im Hinblick auf die gewährleisteten Grund- und Menschenrechte reflektiert die EMRK den Gemeinbestand demokratischer Verfassung zum Zeitpunkt ihrer Ausarbeitung. Während klassische Abwehrrechte dominieren, finden sich so nur wenige Leistungsrechte und politische Teilhaberechte. Dieser Kernbestand an Rechten wird durch verschiedene Protokolle ergänzt[275]. Die allgemeine Handlungsfreiheit, wie sie das BVerfG aus Art. 2 Abs. 1 GG hergeleitet hat[276], ist weder in der EMRK noch in einem der sie ergänzenden Protokolle garantiert[277].

Im Hinblick auf eine Pflichtmitgliedschaft in Handwerksinnungen könnte daher allenfalls die Vereinigungsfreiheit des Art. 11 Abs. 1 1. Hs. 2. Alt. EMRK betroffen sein, wonach jede Person das Recht hat, sich frei und friedlich mit anderen zusammenzuschließen.

b) Vereinigungsfreiheit des Art. 11 Abs. 1 1. Hs. 2. Alt. EMRK

aa) Positive und negative Vereinigungsfreiheit

Seinem Wortlaut nach garantiert Art. 11 Abs. 1. Hs. 2. Alt. EMRK lediglich die aktive Vereinigungsfreiheit: „Jede Person hat das Recht, sich frei und friedlich mit anderen zu versammeln *und sich frei mit anderen zusammenzuschließen*; [...]"[278]. Der Europäische Gerichtshof für Menschenrechte wurde allerdings im Rahmen seiner Judikatur – ähnlich wie das BVerfG zu Art. 9 Abs. 1 GG – mit der Frage konfrontiert, ob Art. 11 Abs. 1 1. Hs. 2. Alt. EMRK auch das Recht garantiere, einer Vereinigung fernbleiben zu können. Während dies lange umstritten war, stellte der Ge-

---

[274] Vgl. BVerfGE 74, 358 (370).
[275] Ein wichtiges Beispiel ist Protokoll Nr. 6 vom 28. April 1983 über die Abschaffung der Todesstrafe BGBl. 1988 II, S. 662.
[276] BVerfGE 6, 32 ff.
[277] Insbesondere bezieht sich die in Art. 5 EMRK gewährleistete Freiheit der Person, wie sich schon aus den Unterabsätzen lit. a-f und den weiteren Absätzen ergibt, nicht auf die allgemeine Handlungsfreiheit, sondern nur auf die Fortbewegungsfreiheit; vgl. *Frowein/Peukert*, EMRK-Kommentar, 2. Aufl. 1996, Art. 5 Rn. 4; *van Dijk/van Hoof*, Theory and Practice of the European Convention on Human Rights, 2nd ed. 1990, 252 ff.
[278] Zu beachten gilt es, daß die hier zitierte deutsche Übersetzung der EMRK nicht zu den verbindlichen Wortlauten gehört. Gem. dem Unterzeichnungsvermerk nach Art. 59 EMRK sind lediglich der englische und französische Wortlaut gleichermaßen verbindlich.

richtshof in der Entscheidung *Sigurjónsson* aus dem Jahr 1993 schließlich klar, daß Art. 11 Abs. 1 1. Hs. 2. Alt. EMRK auch das Recht auf negative Vereinigungsfreiheit umfasse[279].

bb) *Vereinigung i.S.v. Art. 11 EMRK*

Für eine eventuelle Anwendbarkeit von Art. 11 EMRK auf eine Pflichtmitgliedschaft in Handwerksinnungen ist damit entscheidend, was eine Vereinigung im Sinne von Art. 11 Abs. 1, 1. Hs. 2. Alt. EMRK darstellt. Hierzu haben die Europäische Kommission für Menschenrechte[280] und der Europäische Gerichtshof für Menschenrechte[281] – im Ergebnis ähnlich wie das BVerfG – entschieden, daß öffentlich-rechtliche Vereinigungen nicht unter den Vereinigungsbegriff des Art. 11 EMRK fallen. Die negative Vereinigungsfreiheit schützt deshalb nicht vor einer Pflichtmitgliedschaft in öffentlich-rechtlichen Vereinigungen[282].

Nicht ganz eindeutig ist allerdings, was unter einer öffentlich-rechtlichen Vereinigung zu verstehen ist. Der Gerichtshof hat insofern festgestellt, daß Art. 11 EMRK ein eigenständiger Vereinigungsbegriff zugrunde liege, der sich durchaus von demjenigen der nationalen Rechtsordnungen der Vertragsstaaten unterscheiden könne. Eine Vereinigung ist danach also nicht schon dann eine öffentlich-rechtliche Vereinigung i.S.d. Art. 11 EMRK, wenn sie nach dem jeweiligen innerstaatlichen Recht eine öffentlich-rechtliche Vereinigung darstellt. Um festzustellen, ob es sich um eine öffentlich-rechtliche Vereinigung handelt, auf die Art. 11 EMRK keine Anwendung findet, stellen Gerichtshof und Kommission vielmehr außer auf formale vor allem auf materielle Gesichtspunkte ab[283]. In formaler Hinsicht ist relevant, ob die entsprechende Vereinigung nach nationalem Recht öffentlich-rechtlich oder privatrechtlich organisiert ist[284]. In materieller Hinsicht

---

[279] Vgl. EGMR - *Sigurdur A. Sigurjónsson ./. Iceland*, v. 30.06.1993, Série A, 264, Nr. 33 ff. (insbes. 35).

[280] Vgl. Europäische Kommission für Menschenrechte, Application N° 14596/89 WEISS ./. Austria vom 10. Juli 1991; Requête N° 36087/97 présentée par GRAFORSA, S.A. contre l'Espagne vom 14. Januar 1998.

[281] EGMR - *Sigurdur A. Sigurjónsson ./. Iceland*, v. 30.06.1993, Série A, 264, Nr. 30 ff. (insbes. 31).

[282] Vgl. auch *Tettinger*, Kammerrecht, 1997, S. 241 f.; *Jahn*, GewArch 2002, 353 (360); VG Würzburg, NVwZ 1997, 98.

[283] Vgl. EGMR - *Sigurdur A. Sigurjónsson ./. Iceland*, v. 30.06.1993, Série A, 264, Nr. 31.

[284] Vgl. EGMR - *Sigurdur A. Sigurjónsson ./. Iceland*, v. 30.06.1993, Série A, 264, Nr. 31.

wird darauf abgestellt, ob die Vereinigung Aufgaben wahrnimmt und Kompetenzen innehat, die im öffentlichen Interesse liegen[285].

cc) Handwerksinnungen und der Vereinigungsbegriff des Art. 11 EMRK

Handwerksinnungen sind gem. § 53 S. 1 HwO Körperschaften des öffentlichen Rechts. Sie sind damit nach deutschem Recht nicht privatrechtlich, sondern öffentlich-rechtlich organisiert. In materieller Hinsicht nehmen Handwerksinnungen, wie bereits ausgeführt, verschiedene Aufgaben wahr, die im öffentlichen Interesse stehen bzw. sogar als staatlich zu charakterisieren sind. Zu nennen sind insbesondere die Regelung und Überwachung der Lehrlingsausbildung, die Abnahme von Gesellenprüfungen und Errichtung von Gesellenprüfungsausschüssen, die Mitwirkung bei der Verwaltung der Berufsschulen, die Erstattung von Gutachten und Auskünften gegenüber Behörden, die Beratung der Vergabestellen bei der Vergabe öffentlicher Lieferungen und Leistungen sowie die gütliche Streitbeilegung durch entsprechende Innungsausschüsse. Handwerksinnungen sind daher im Hinblick auf Art. 11 EMRK sowohl in formaler als auch in materieller Hinsicht als öffentlich-rechtliche Vereinigungen zu charakterisieren.

Dieses Ergebnis wird auch durch die Zulassungsentscheidung der Europäischen Kommission für Menschenrechte im Fall *GRAFORSA, S.A. ./. Spanien* vom 14. Januar 1998 bestätigt[286]. In diesem Fall wandte sich die private GRAFORSA-Gesellschaft gegen die Pflichtmitgliedschaft in der Industrie-, Handels- und Schiffahrtskammer La Coruña in Spanien. Die Kommission stellte fest, daß die Kammer nicht nach allgemeinem Gesellschaftsrecht, sondern nach einem speziellen Gesetz als Vereinigung des öffentlichen Rechts errichtet worden sei. Darüber hinaus verwies die Kommission darauf, daß die Kammer nach dem Gesetz z.B. im Hinblick auf die Berufsausbildung und die Überwachung der Kammerangehörigen Aufgaben im öffentlichen Interesse wahrnehme. Die Kammer sei daher als öffentlich-rechtliche Vereinigung zu charakterisieren, auf die Art. 11 EMRK keine Anwendung finde.

---

[285] Vgl. EGMR - *Sigurdur A. Sigurjónsson ./. Iceland*, v. 30.06.1993, Série A, 264, Nr. 31.
[286] Europäische Kommmission für Menschenrechte, Requête N° 36087/97 présentée par GRAFORSA, S.A. contre l'Espagne; vgl. auch bereits die Entscheidung der Kommission Application No. 14596/89 WEISS ./. Austria vom 10. Juli 1991, in der die Kommission feststellte, daß es sich bei einer österreichischen Handelskammer um eine öffentlich-rechtliche Vereinigung handele, die keine Vereinigung i.S.v. Art. 11 EMRK darstelle.

dd) Ergebnis

Als Ergebnis kann festgehalten werden, daß Art. 11 EMRK zwar auch die negative Vereinigungsfreiheit garantiert, daß der Schutzbereich des Grundrechts allerdings auf öffentlich-rechtliche Vereinigungen i.S.d. Art. 11 EMRK keine Anwendung findet. Handwerksinnungen sind öffentlich-rechtliche Vereinigungen i.S.d. Art. 11 EMRK. Eine Pflichtmitgliedschaft in den Handwerksinnungen wäre daher mit Art. 11 EMRK vereinbar[287].

3. Vereinbarkeit mit dem EG-Vertrag

Eine mögliche Pflichtmitgliedschaft in den Handwerksinnungen müßte auch mit den Vorschriften des EG-Vertrags (EGV) zu vereinbaren sein. Vorschriften des EG-Vertrages, die wie Art. 43 EGV (Niederlassungsfreiheit)[288] oder Art. 49 EGV (Dienstleistungsfreiheit)[289] darauf abzielen, einzelnen EG-Bürgern Rechte zu verleihen, sind für die Bürger bzw. juristischen Personen der Mitgliedstaaten unmittelbar anwendbar. Als Bestandteile des EG-Rechts gehen sie dabei dem nationalen Recht der Mitgliedstaaten vor, das heißt, sie sind jedenfalls vorrangig anzuwenden[290]. Geschützte EG-Bürger könnten sich daher vor den nationalen deutschen Gerichten unmittelbar auf ihre Rechte etwa aus Art. 43 und Art. 49 EGV berufen, wenn eine Pflichtmitgliedschaft in Handwerksinnungen gegen diese Rechte verstieße.

a) Niederlassungsfreiheit nach Art. 43 ff. EGV

aa) Begriff der Niederlassung

Der Begriff der Niederlassung wird im EG-Vertrag nicht definiert. Der Europäische Gerichtshof (EuGH) definiert Niederlassung als die tatsächliche Ausübung einer wirtschaftlichen Tätigkeit mittels einer festen Einrichtung in einem anderen Mitgliedstaat auf unbestimmte Zeit[291]. Anders als der Dienstleister, der seine Leistung grenzüberschreitend in dem Sinne er-

---

[287] Vgl. auch *Kluth*, Verfassungsfragen der Privatisierung von Industrie und Handelskammern, 1997, S. 34 f. in Bezug auf IHK.
[288] EuGH, Rs. 2/74, Slg. 1974, 631 Rn. 29/31 - *Reyners*.
[289] EuGH, Rs. 33/74, Slg. 1974, 1299 Rn. 27 - *van Binsbergen*.
[290] Vgl. *Herdegen*, Europarecht, 4. Aufl. 2002, Rn. 230.
[291] EuGH, Rs. C-221/89, Slg 1991, I-3905 Rn. 20 - *Factortame*.

bringt, daß er sich zwecks Erbringung seiner Leistung vorübergehend in einem anderen Mitgliedstaat aufhält, integriert sich der Niederlassungswillige dauerhaft in die Volkswirtschaft des anderen Staates[292]. Im Einzelfall[293] kann die Abgrenzung des Anwendungsbereichs von Niederlassungsfreiheit auf der einen und Dienstleistungsfreiheit auf der anderen Seite allerdings erhebliche Schwierigkeiten aufweisen, wobei als Kriterien für die Zuordnung insbesondere die Dauerhaftigkeit des Engagements[294] und die feste Einrichtung[295] herangezogen werden können.

bb) Diskriminierungsverbot

Nach Art. 43 Abs. 1 S. 1 EGV sind die Beschränkungen der freien Niederlassung von Staatsangehörigen eines Mitgliedstaats im Hoheitsgebiet eines anderen Mitgliedstaats nach Maßgabe der folgenden Bestimmungen verboten. Der sachliche Anwendungsbereich der Niederlassungsfreiheit, die es den selbständig Erwerbstätigen ermöglichen soll, ihren Unternehmensstandort allein aufgrund ökonomischer Faktoren zu wählen[296], umfaßt nach der Rechtsprechung[297] und der Literatur[298] unstreitig ein Diskriminierungsverbot. In Anknüpfung an das allgemeine Diskriminierungsverbot des Art. 12 Abs. 1 EGV, wonach im Anwendungsbereich des EG-Vertrags jede Diskriminierung aus Gründen der Staatsangehörigkeit verboten ist, untersagt Art. 43 Abs. 1 S. 1 EGV direkte, also tatbestandlich an das Vor-

---

[292] Vgl. Generalanwalt *Léger*, in: EuGH, Rs. C-55/94, Slg. 1995, I-4165, Anm. 19 - *Gebhard* sowie EuGH, Rs. C-221/89, Slg 1991, I-3905 Rn. 25 - *Factortame*; *Randelzhofer/Forsthoff*, in: Grabitz/Hilf, Das Recht der Europäischen Union, Bd. 1, Stand: Feb. 2002, Art. 43 Rn. 24; *Schlag*, in: Schwarze, EU-Kommentar, 2000, Art. 43 EGV Rn. 16.

[293] Zur Kasuistik insbes. *Randelzhofer/Forsthoff*, a.a.O., Art. 43 Rn. 25 ff.

[294] EuGH, Rs. C-55/94, Slg. 1995, I-4165, Nr. 27 ff. - *Gebhard*; *Arnull/Dashwood/Ross/Wyatt*, Wyatt&Dashwood's European Union Law, 4th ed. 2000, S. 429 f.; *Fiege*, GewArch 2001, 409 (413); *Jeder*, Die Meisterprüfung auf dem Prüfstand, S. 50 f.; *Schlag*, a.a.O., Art. 43 EGV Rn. 16 m. w. N.

[295] *Randelzhofer/Forsthoff*, a.a.O., Art. 43 Rn. 31.

[296] *Koenig/Haratsch*, Europarecht, 3. Aufl. 2000, Rn. 554 m. w. N.

[297] Vgl. z.B. EuGH, Rs. 152/73, Slg. 1974, 153 Rn. 11 - *Sotgui*; Rs. C-3/88, Slg. 1989, 4035, Rn. 8 - *Kommission/Italien*; Rs. C-370/90, Slg. 1992, I-4265, Rn. 20 - *Singh*; Rs. C-107/94, Slg. 1996, I-3089, Rn. 29, 36, 39 - *Asscher*.

[298] *Bröhmer*, in: Calliess/Ruffert, Kommentar zu EUV und EGV, 2. Aufl. 2002, Art. 43 EGV Rn. 19 ff.; *Schlag*, a.a.O., Art. 43 EGV Rn. 33 ff.; *Scheuer*, in: Lenz, EG-Vertrag, 2. Aufl. 1999, Art. 43 Rn. 4 ff.

liegen bzw. Nichtvorliegen einer bestimmten Staatsangehörigkeit anknüpfende, aber auch indirekte, versteckte Diskriminierungen[299].

Eine Pflichtmitgliedschaft in den Handwerksinnungen bedeutete, daß die Mitgliedschaft in der Handwerksinnung für den in § 58 HwO definierten Personenkreis nicht mehr auf freiwilliger Basis erfolgte, sondern fortan obligatorisch wäre. Selbständige Handwerker, die das Handwerk ausübten, für welches die jeweilige Handwerksinnung gebildet ist, wären dann kraft Gesetzes Mitglieder der Handwerksinnung. Eine Diskriminierung von EG-Ausländern im Hinblick auf eine Mitgliedschaft in Handwerksinnungen könnte etwa dann gegeben sein, wenn EG-Ausländer von der Mitgliedschaft in Handwerksinnungen ausgeschlossen wären und ihnen hierdurch Nachteile entstünden. Die Möglichkeit der Mitgliedschaft in der Handwerksinnung knüpft aber nach § 58 Abs. 1 S. 1 HwO allein an die selbständige Ausübung des Handwerks an, für das die Handwerksinnung gebildet wurde. Kriterien der Staatsangehörigkeit spielen insofern weder direkt noch indirekt eine Rolle. Soweit hieran bei der Einführung einer Pflichtmitgliedschaft nichts geändert würde, läge daher auch insoweit keine Diskriminierung von EG-Ausländern vor.

Die entscheidende Frage wäre vielmehr, ob gerade in der Anordnung der Pflichtmitgliedschaft ein Eingriff in die Niederlassungsfreiheit zu sehen wäre. Allein im Lichte des Diskriminierungsverbotes wäre dies jedenfalls dann nicht der Fall, solange keine direkt oder indirekt diskriminierenden Kriterien verwendet würden, d.h., wenn sich die Pflichtmitgliedschaft auf alle in Deutschland tätigen selbständigen Handwerker erstreckte.

cc) Beschränkungsverbot

aaa) Die Weiterentwicklung der Niederlassungsfreiheit zum Beschränkungsverbot

Während der EuGH die Niederlassungsfreiheit lange ausschließlich im Sinne eines Diskriminierungsverbotes auslegte, sprachen sich Stimmen in der Literatur wiederholt dafür aus, die Niederlassungsfreiheit zu einem Beschränkungsverbot auszuweiten, wonach auch nichtdiskriminierende mitgliedstaatliche Maßnahmen gegen die Niederlassungsfreiheit verstoßen

---

[299] Ständige Rechsprechung des EuGH seit EuGH, Rs. 152/73, Slg. 1974, 153 Rn. 11 - *Sotgui*; vgl. auch Rs. C-107/94, Slg. 1996, I-3089 Rn. 36, 38 - *Asscher*; Rs. C-57/96, Slg. 1997, I-6689 Rn. 44 - *Meints*; Rs. C-237/94, Slg. 1996, I-2617 Rn. 17 ff. - *O'Flynn*.

können, wenn sie die Ausübung einer selbständigen Erwerbstätigkeit behindern oder weniger attraktiv machen[300]. Seit Mitte der achtziger Jahre ergingen dann mehrere Entscheidungen des EuGH, die auf ein erweitertes Verständnis der Niederlassungsfreiheit im Sinne eines Beschränkungsverbotes hindeuteten[301]. Seit dem Urteil in der Rechtssache *Gebhard*[302] aus dem Jahr 1995 ist es ständige Rechtsprechung des EuGH, daß nationale Maßnahmen, welche die Ausübung der durch den Vertrag garantierten Niederlassungsfreiheit behindern oder weniger attraktiv machen, vier Voraussetzungen erfüllen müssen. Sie müssen in nichtdiskriminierender Weise angewandt werden; aus zwingenden Gründen des Allgemeininteresses gerechtfertigt sein; geeignet sein, die Verwirklichung des mit ihnen verfolgten Ziels zu gewährleisten, und nicht über das hinausgehen, was zur Erreichung dieses Zieles erforderlich ist[303].

Letztlich steht immer noch nicht abschließend fest, ob der EuGH die Niederlassungsfreiheit tatsächlich im Sinne eines Beschränkungsverbotes interpretiert. Die insofern verbliebene Unsicherheit ist auch darauf zurückzuführen, daß sich in den vom EuGH entschiedenen Fällen – je nach Sichtweise – auch indirekt diskriminierende Elemente entdecken lassen[304]. In der Literatur wird trotz dieser Restunsicherheit über die Haltung des EuGH ganz überwiegend davon ausgegangen, daß der EuGH den Schritt zur Interpretation der Niederlassungsfreiheit als Beschränkungsverbot vollzogen habe[305]. Für diese Fortentwicklung der Niederlassungsfreiheit

---

[300] Vgl. z.B. *Steindorff,* ZHR 150 (1986), 687 (689 ff.); *Steindorff,* EuR 1988, 19 (32); *Behrens,* RabelsZ 1988, 498 (508); *Blumenwitz,* NJW 1989, 621 (622); *Knobbe-Keuk,* DB 1990, 2573 ff.; *Roth,* RabelsZ 1990, 61 (80 ff.); *Sack,* JuS 1990, 352 (355); *Wägenbauer,* EuZW 1991, 427 (430 f.).

[301] EuGH, Rs. 107/83, Slg. 1984, 2971 - *Klopp*; EuGH, Rs. C-340/89, Slg. 1991, I-2357 - *Vlassopoulou*; Rs. C-19/92, Slg. 1993, I-1663 - *Kraus*.

[302] EuGH, Rs. C-55/94, Slg. 1995, I-4165 – *Gebhard*.

[303] Vgl. EuGH, Rs. C-55/94, Slg. 1995, I-4165 Rn. 37 - *Gebhard*; Rs. C-212/97, Slg. 1999, I-1459, Rn. 34 - *Centros*; Rs. C-19/92, Slg. 93, I-1663 Rn. 32 – *Kraus*; Rs. C-427/97, Slg. 2000, I-5123 Rn. 57 – *Haim*.

[304] *Bröhmer,* in: Calliess/Ruffert, Kommentar zu EUV und EGV, 2. Aufl. 2002, Art. 43 EGV Rn. 31.

[305] *Schlag,* in: Schwarze, EU-Kommentar, 2000, Art. 43 EGV Rn. 45; *Troberg,* in: von der Groeben/Thiesing/Ehlermann, Kommentar zum EU/EG-Vertrag, Bd. 1, 5. Aufl. 1997, Art. 52 EGV Rn. 46 ff.; *Randelzhofer/Forsthoff,* in: Grabitz/Hilf, Das Recht der Europäischen Union, Bd. 1, Stand: Feb. 2002, Art. 43 Rn. 83; *Scheuer,* in: Lenz, EG-Vertrag, 2. Aufl. 1999, Art. 43 Rn. 9; *Oppermann,* Europarecht, 2. Aufl. 1999, Rn. 1588; *Everling,* in: Gedächtnisschrift Knobbe-Keuk, 1997, S. 610 ff.; *Eberhartinger,* EWS 1997, 43 (48); *Roth,* in: Gedächtnisschrift Knobbe-Keuk, 1997, S. 731 ff.

spricht insbesondere auch die Neuformulierung des Wortlautes von Art. 43 EGV im Vergleich zu Art. 52 EGV a. F[306]. Während Art. 52 Abs. 1 S. 1 EGV a. F. zurückhaltender regelte, daß die Beschränkungen der freien Niederlassung von Staatsangehörigen eines Mitgliedstaates im Hoheitsgebiet eines anderen Mitgliedstaates während der Übergangszeit nach Maßgabe der folgenden Bestimmungen schrittweise aufgehoben werden, zielt das unmißverständliche Verbot von Beschränkungen der freien Niederlassung von Staatsangehörigen eines Mitgliedstaates im Hoheitsgebiet eines anderen Mitgliedstaates in Art. 43 Abs. 1 EGV sprachlich deutlich auf ein Beschränkungsverbot ab.

bbb) Beschränkungsverbot und Pflichtmitgliedschaft

Eine Pflichtmitgliedschaft in der Handwerksinnung wäre kein Niederlassungshindernis in dem Sinne, daß die Mitgliedschaft Voraussetzung der Niederlassung wäre. Eine Pflichtmitgliedschaft in der Handwerksinnung wäre vielmehr die unmittelbare Folge der Niederlassung zum selbständigen Betrieb eines Handwerks. Die Pflichtmitgliedschaft wäre damit zwar kein offensichtlicher Fall eines Niederlassungshindernisses. Sie könnte allerdings die Ausübung einer selbständigen Erwerbstätigkeit dennoch behindern oder weniger attraktiv machen und insoweit unter die Niederlassungsfreiheit im Sinne eines Beschränkungsverbotes fallen.

Die Mitgliedschaft in der Handwerksinnung ist für die Mitglieder mit der Pflicht zur Entrichtung von Mitgliedsbeiträgen verbunden. Daneben können in der Satzung der Handwerksinnung weitere Pflichten der Mitglieder geregelt werden (§ 55 Abs. 2 Nr. 4 HwO). Insbesondere die Pflicht zur Entrichtung der Mitgliedsbeiträge und die weiteren Mitgliederpflichten, prinzipiell aber auch die Mitgliedschaft in der Handwerksinnung als solche, sind grundsätzlich geeignet, die Niederlassung als selbständiger Handwerker in Deutschland für EG-Ausländer weniger attraktiv zu machen[307]. Insofern könnte die Pflichtmitgliedschaft daher unter das Beschränkungsverbot und damit in den Anwendungsbereich der Niederlassungsfreiheit gem. Art. 43 EGV fallen.

---

[306] *Scheuer*, in: Lenz, EG-Vertrag, 2. Aufl. 1999, Art. 43 Rn. 7; *Streinz*, Europarecht, 5. Aufl. 2001, Rn. 676; *Bröhmer*, in: Calliess/Ruffert, Kommentar zu EUV und EGV, 2. Aufl. 2002, Art. 43 EGV Rn. 29.

[307] Vgl. zur Zwangsmitgliedschaft in der Handwerkskammer: *Meyer*, GewArch 2001, 265 (268 f.).

In der Literatur wird erörtert, ob die Grundsätze der Keck-Rechtsprechung[308], mit welcher der EuGH den zuvor übermäßig ausgeweiteten Anwendungsbereich der Warenverkehrsfreiheit gem. Art. 28 ff. EGV für Regelungen in Bezug auf nichtdiskriminierende Absatzmodalitäten eingeschränkt hat, auch auf berufsausübungsbezogene Einschränkungen der Niederlassungsfreiheit anwendbar sind[309]. Vor dem Hintergrund der Ausweitung des Anwendungsbereichs der Niederlassungsfreiheit vom bloßen Diskriminierungsverbot hin zum Beschränkungsverbot ist eine solche Anwendung der Keck-Grundsätze auf Art. 43 EGV konsequent, um hier von vornherein einen auch eindeutig nicht gegen die Freizügigkeit innerhalb des Binnenmarktes gerichtete Regelungen einbeziehenden Wildwuchs des Anwendungsbereichs von Art. 43 EGV zu verhindern[310].

Andererseits fällt es aber mangels einschlägiger Entscheidungen des EuGH schwer, die Grundsätze der Keck-Rechtsprechung für die Niederlassungsfreiheit zu konkretisieren[311]. Die in sich schon nicht immer trennscharfe, auf die Warenverkehrsfreiheit zugeschnittene Abgrenzung zwischen produktbezogenen Regelungen einerseits und Absatzmodalitäten betreffenden Regelungen andererseits, läßt sich jedenfalls nicht direkt auf die Niederlassungsfreiheit übertragen. In der mitunter als Beleg für die Übernahme der Keck-Rechtsprechung angesehenen *Semeraro Casa Uno*-Entscheidung hat der EuGH am Rande festgestellt, daß möglicherweise beschränkende Wirkungen italienischer Ladenschlußzeiten „zu ungewiß und zu mittelbar" seien, um als geeignet angesehen werden zu können, die Niederlassungsfreiheit zu behindern[312]. Demgegenüber führte eine Pflichtmitgliedschaft in der Handwerksinnung mit der Pflicht zur Leistung von

---

[308] EuGH, Rs. C-267, 268/91, Slg. 1993, I-6097 - *Keck u.a.*
[309] Vgl. etwa *Everling*, in: Gedächtnisschrift Knobbe-Keuk, 1997, S. 607 (621); *Eberhartinger*, EWS 1997, 43 (49); *Schnichels*, Reichweite der Niederlassungsfreiheit, 1995, S. 117; *Koenig/Haratsch*, Europarecht, 3. Aufl. 2000, Rn. 572; *Stork*, WiVerw 2001, 229 (234 ff.).
[310] So geht auch Generalanwalt Cosmas in den Schlußanträgen zur Corsten-Entscheidung des EuGH offensichtlich von der prinzipiellen Einschlägigkeit der Keck-Rechtsprechung auch bei der Dienstleistungsfreiheit aus; vgl. GA Cosmas, Schlußanträge v. 30.11.1999, Rs. C-58/98, Slg. 2000, I-7919 - *Corsten*, Fn. 22 zu Rn. 41.
[311] *Schlag*, in: Schwarze, EU-Kommentar, 2000, Art. 43 EGV Rn. 55.
[312] EuGH, verb. Rs. C-418-421/93, C-460-462/93, C-464/93, C-9-11/94, C-14, 15/94, C-23, 24/94, C-332/94, Slg. 1996, I-2975 Rn. 32 - *Semeraro Casa Uno u.a.*

Mitgliedsbeitrag und sonstigen Pflichten zu konkreten Belastungen, also nicht lediglich zu ungewissen, mittelbaren Beeinträchtigungen[313].

Obwohl theoretisch diskutiert werden könnte, ob die aus der Pflichtmitgliedschaft folgenden Belastungen nicht doch die Keck-Kritierien erfüllten, wäre die Anordnung der Pflichtmitgliedschaft aufgrund der konkreten Nachteile jedenfalls nach dem oben genannten Urteil noch nicht aus dem Anwendungsbereich der Niederlassungsfreiheit auszuscheiden. Nach dem jetzigen Entwicklungsstand der Rechtsprechung des EuGH zur möglichen Übernahme der Keck-Grundsätze wäre eine Pflichtmitgliedschaft in der Handwerksinnung daher nicht grundsätzlich dem Anwendungsbereich des Art. 43 EGV entzogen.

dd) Rechtfertigung des Eingriffs

Beschränkungen der Niederlassungsfreiheit sind jedoch nach der Rechtsprechung des EuGH, die insoweit Grundsätze der Cassis-Rechtsprechung[314] aufgreift, zulässig, wenn sie aus zwingenden Gründe des Allgemeininteresses erfolgen und verhältnismäßig sind[315]. Wann ein solcher zwingender Grund des Allgemeininteresses gegeben ist, hat die Rechtsprechung nicht abschließend definiert. In der Kasuistik des EuGH zu den verschiedenen Grundfreiheiten wurden als mögliche zwingende Gründe des Allgemeininteresses z.b. die Wirksamkeit der Steueraufsicht[316], der Verbraucherschutz[317], der Schutz des gewerblichen und kommerziellen Eigentums[318], kulturpolitische Belange[319], aber auch bestimmte Berufs- und Standesregeln[320] angeführt.

---

[313] Vgl. auch Generalanwalt Cosmas, Schlußanträge v. 30.11.1999, Rs. C-58/98, Slg. 2000, I-7919 - *Corsten*, Fn. 22 zu Rn. 41.
[314] EuGH, Rs. 120/78, Slg. 1979, 649 – *Rewe (Cassis de Dijon)*.
[315] EuGH, Rs. C-55/94, Slg. 1995, I-4165 Rn. 37 - *Gebhard*; Rs. C-250/95, Slg. 1997, I-2471 Rn. 26 – *Futura u. Singer*; Rs. C-212/97, Slg. 1999, I-1459 Rn. 24 ff. - *Centros*; *Schlag*, in: Schwarze, EU-Kommentar, 2000, Art. 43 EGV Rn. 53 ff.; *Koenig/Haratsch*, Europarecht, 3. Aufl. 2000, Rn. 574.
[316] EuGH, Rs. 120/78, Slg. 1979, 649 Rn. 8 – *Rewe (Cassis de Dijon)*.
[317] EuGH, Rs. C-233/94, Slg. 1997, I-2405 Rn. 16 - *Einlagensicherungssysteme*; EuGH, Rs. 120/78, Slg. 1979, 649 Rn. 8 – *Rewe (Cassis de Dijon)*.
[318] EuGH, Rs. C-148/91, Slg. 1993, I-487 Rn. 13 - *Veronica Omroep*.
[319] EuGH, Rs. C-288/89, Slg. 1991, I-4007 Rn. 22 f. - *Collective Antennevooryiening Gouda*; Rs. C-353/89, Slg. 1991, I-4069 Rn. 30 - *Kommission/Niederlande*; Rs. C-148/91, Slg. 1993, I-487 Rn. 10 - *Veronica Omroep*.
[320] EuGH, Rs. C-106/91, Slg. 1992, I-3351, 3383 ff. - *Ramrath*.

Im übrigen besteht gerade wegen der Weite des Begriffs der zwingenden Gründe des Allgemeininteresses für die Mitgliedstaaten ein großer Spielraum zur Bestimmung schützenswerter Belange[321]. Insofern ist auch zu beachten, daß die Erweiterung des Schutzbereichs der Niederlassungsfreiheit zum Beschränkungsverbot potentiell sämtliche staatlichen (Berufs-)regelungen, die Niedergelassene betreffen können, in den Anwendungsbereich des Art. 43 EGV bringt. Damit drohen aber weitgehende Eingriffe in die staatliche Autonomie zur Regulierung der eigenen Wirtschaft. Ins Gewicht fällt hier auch, daß sich diejenigen, die von der Niederlassungsfreiheit Gebrauch machen, anders etwa als Personen, die von der Dienstleistungsfreiheit Gebrauch machen, bewußt dauerhaft in die Volkswirtschaft und Rechtsordnung des Zielstaates integrieren.

Solange der EuGH daher nicht die Grundsätze der Keck-Rechtsprechung auch für Art. 43 EGV in der Weise nutzbar macht, daß Regelungen, die sich eigentlich nicht gegen die grenzüberschreitende Niederlassungsfreiheit richten, per se vom Anwendungsbereich des Art. 43 EGV ausgenommen werden, muß den Mitgliedstaaten durch eine entsprechende Auslegung der zwingenden Gründe des Allgemeininteresses die Möglichkeit gegeben werden, vom Schutzzweck des Art. 43 EGV nicht gedeckte Eingriffe in ihre Autonomie zur staatlichen Regulierung der jeweiligen Volkswirtschaft zu rechtfertigen.

Im Hinblick auf eine Pflichtmitgliedschaft in der Handwerksinnung könnten insbesondere verschiedene der staatlichen Aufgaben der Handwerksinnung zwingende Gründe des Allgemeininteresses begründen. Oben wurde bereits detailliert dargelegt, daß Handwerksinnungen eine Reihe staatlicher Aufgaben wahrnehmen[322]. Soweit Innungen solche Aufgaben erfüllen wie insbesondere bei der Regelung und Überwachung der Lehrlingsausbildung, der Abnahme von Gesellenprüfungen und Errichtung von Gesellenprüfungsausschüssen, der Mitwirkung bei der Verwaltung der Berufsschulen, der Erstattung von Gutachten und Auskünften gegenüber Behörden, der Beratung der Vergabestellen bei der Vergabe öffentlicher Lieferungen und Leistungen sowie der gütlichen Streitbeilegung durch entsprechende Innungsausschüsse, besteht an ihrer Wahrnehmung ein gesteigertes Interesse der Gemeinschaft. Dieses öffentliche Interesse an der Erfüllung der entsprechenden Aufgaben könnte vor allem im Hinblick auf die

---

[321] *Randelzhofer/Forsthoff*, in: Grabitz/Hilf, Das Recht der Europäischen Union, Bd. 1, Stand: Feb. 2002, Art. 43 Rn. 108.
[322] Oben S. 53 ff.

Gewährleistung einer adäquaten Berufsbildung auch als zwingender Grund des Allgemeininteresses charakterisiert werden.

Daneben müßte eine Pflichtmitgliedschaft in den Innungen auch verhältnismäßig sein. Nach dem Verhältnismäßigkeitsgrundsatz muß die Regelung geeignet sein, das mit ihr verfolgte Ziel zu erreichen, aber gleichzeitig nicht über das hinausgehen, was zur Erreichung des Zieles erforderlich ist. Eine Pflichtmitgliedschaft in der Handwerksinnung könnte gewährleisten, daß die Handwerksinnungen, die gegenwärtig von einer Tendenz zum Nichtbeitritt bzw. zum Austritt bedroht sind, ihre Aufgaben auch zukünftig effektiv erfüllen können. Dies umfaßt auch die Erfüllung der Aufgaben, die sich unter den Begriff des zwingenden Grundes des Allgemeininteresses subsumieren lassen.

Im Hinblick auf die Frage, ob ein milderes Mittel zur Verfügung stünde, um das angestrebte Ziel zu erreichen, könnte argumentiert werden, daß die Handwerksinnungen ihre Aufgaben jahrzehntelang auch ohne eine Pflichtmitgliedschaft effektiv wahrgenommen hätten, so daß die Pflichtmitgliedschaft nicht erforderlich sei. Insofern ist indes anzumerken, daß das rechtstatsächliche Bedürfnis nach einer Pflichtmitgliedschaft wenn überhaupt gerade auf der Tatsache beruht, daß es aufgrund der Tendenz, auf die freiwillige Mitgliedschaft in Handwerksinnungen zu verzichten, für die Innungen zunehmend schwieriger werden kann, ihre Aufgaben effektiv zu erfüllen. Insoweit muß dem einzelnen Mitgliedstaat eine Einschätzungsprärogative bezüglich der Frage zukommen, ob die effektive Wahrnehmung der Aufgaben durch die Innungen insgesamt eine Pflichtmitgliedschaft erfordert. Ordnete der Staat für das Handwerksinnungswesen insgesamt eine Pflichtmitgliedschaft an und hielte er sich hierbei in den Grenzen der ihm zuzumessenden Einschätzungsprärogative, könnte dem nicht entgegengehalten werden, daß in einem konkreten Fall eine bestimmte Innung ihre Aufgaben auch ohne Pflichtmitgliedschaft erfüllen könne.

Insgesamt ist daher davon auszugehen, daß eine Einführung der Pflichtmitgliedschaft in Handwerksinnungen mit der Niederlassungsfreiheit des Art. 43 EGV vereinbar wäre, da sie aus zwingenden Gründen des Allgemeininteresses erfolgte und der Grundsatz der Verhältnismäßigkeit gewahrt wäre.

b) Freiheit des Dienstleistungsverkehrs nach Art. 49 ff. EGV

aa) Begriff des Dienstleistungsverkehrs

Eine Pflichtmitgliedschaft in Handwerksinnungen müßte auch mit der in Art. 49 ff. EGV geregelten Freiheit des Dienstleistungsverkehrs vereinbar sein. Diese garantiert das Recht, grenzüberschreitend in einem anderen EG-Mitgliedstaat eine Dienstleistung erbringen zu können, ohne dort über eine dauerhafte Niederlassung verfügen zu müssen[323]. Die ursprünglich als Auffangtatbestand für wirtschaftliche Austauschvorgänge, die nicht den anderen Marktfreiheiten unterfallen[324], konzipierte Freiheit des Dienstleistungsverkehrs hat aufgrund des volkswirtschaftlichen Bedeutungszuwachses des Dienstleistungssektors inzwischen eine deutliche Aufwertung erfahren. Dienstleistung im Sinne der Art. 49 ff. EGV stellt einen eigenständigen europarechtlichen Begriff dar. Nach Art. 50 Abs. 1 EGV sind Dienstleistungen im Sinne des EGV Leistungen, die in der Regel gegen Entgelt erbracht werden, soweit sie nicht den Vorschriften über den freien Waren- und Kapitalverkehr und über die Freizügigkeit der Personen unterliegen. Nach Art. 50 Abs. 2 lit. c EGV gelten insbesondere auch (selbständige) handwerkliche Tätigkeiten als Dienstleistungen, soweit sie nicht der Niederlassungsfreiheit unterfallen.

Wie oben im Hinblick auf den Begriff der Niederlassung bereits ausgeführt wurde, ist für den Dienstleistungsverkehr im Gegensatz zur Niederlassung der vorübergehende Charakter der Leistungserbringung charakteristisch (§ 50 Abs. 3 EGV). Kriterien sind hier neben der Dauer der Tätigkeit auch ihre Häufigkeit und Kontinuität. Der vorübergehende Charakter der Tätigkeit wird nicht schon dadurch ausgeschlossen, daß der Dienstleister im Aufnahmestaat über eine Infrastruktur wie z.B. ein Büro verfügt[325].

---

[323] *Koenig/Haratsch*, Europarecht, 3. Aufl. 2000, Rn. 583; *Holoubek*, in: Schwarze, EU-Kommentar, 2000, Art. 49 EGV Rn. 44 ff.; *Geiger*, EUV/EGV, 3. Aufl. 2000, Art. 50 EGV Rn. 6 ff.
[324] Vgl. Art. 50 EGV.
[325] EuGH, Rs. C 55/95, Slg. 1995, I-4165 Rn. 27 – *Gebhard*.

bb) Diskriminierungs- und Beschränkungsverbot

Die Freiheit des Dienstleistungsverkehrs gem. Art. 49 ff. EGV umfaßt neben dem Verbot offener[326] und verdeckter[327] Diskriminierungen auch ein Beschränkungsverbot des grenzüberschreitenden Dienstleistungsverkehrs[328]. Diese weite Auslegung als Beschränkungsverbot ergibt sich heute bereits aus dem eindeutigen Wortlaut des Art. 49 EGV. Sie wurde vom EuGH seit seiner ersten Entscheidung zur Freiheit des Dienstleistungsverkehrs immer wieder bestätigt und entspricht der herrschenden Ansicht in der Literatur[329]. Art. 49 EGV verbietet nach dem weit gefaßten Beschränkungskonzept des EuGH auch nichtdiskriminierende Maßnahmen, die geeignet sind, die grenzüberschreitende Erbringung von Dienstleistungen zu unterbinden, zu behindern oder schlicht weniger attraktiv zu machen[330].

Die Erstreckung einer Pflichtmitgliedschaft in Handwerksinnungen auf Staatsangehörige anderer EG-Mitgliedstaaten, die sich nicht in der Bundesrepublik niederlassen, aber von der Dienstleistungsfreiheit gem. Art. 49 EGV Gebrauch machen und grenzüberschreitend Handwerksdienstleistungen erbringen, könnte gegen Art. 49 EGV verstoßen. Wie bereits ausge-

---

[326] EuGH, Rs. C 58/91, Slg. 1991, I-4193, Rn. 9 - *Kommission ./. Italien*; Rs. C 20/92, Slg. 1993, I-3777, Rn. 13 ff. - *Hubbard*; Rs. C 45/93 Slg. 1994, I-911, Rn. 9 f.; Rs. C 274/96, Slg. 1998, I-7637, 7655 ff. - *Bickel und Franz*.

[327] EuGH, Rs. 33/74, Slg. 1974, 1299, Rn. 10/12 - *van Binsbergen*; Rs. C 198/89, Slg. 1991, I-727, Rn. 16 ff. - *Kommission ./. Griechenland*; Rs. C 410/96, Slg. 1998, I-7875, 7901 f. - *Ambry*; Rs. 224/97, Slg. 1999, I-2517, Rn. 13 - *Ciola*.

[328] EuGH, Rs. 33/74, Slg. 1974, 1299, Rn. 10 - *van Binsbergen*; verb. Rs. 110 u. 111/78, Slg. 1979, 35, Rn. 28 - *Ministère public u. ASBL ./. van Wesemael*; Rs. 52/79, Slg. 1980, 833, Rn. 12 - *Debauve*; Rs. 279/80, Slg. 1981, 3305, Rn. 17 - *Webb*; Rs. 205/84, Slg. 1986, 3755, Rn. 25 - *Kommission ./. Deutschland*; Rs. 96/85, Slg. 1986, 1475, Rn. 11; EuGH EuZW 1992, 56, 57 Rn. 17; *Holoubek*, in: Schwarze, EU-Kommentar, 2000, Art. 49 EGV Rn. 56 ff.; *Kluth*, in: Calliess/Ruffert, Kommentar zu EUV und EGV, 2. Aufl. 2002, Art. 50 EGV Rn. 38 ff.; *Roth*, in: Dauses, Handbuch des EG-Wirtschaftsrechts, Stand: März 2002, E. I Rn. 117 ff.

[329] *Craig/de Búrca*, EU Law, 3rd ed. 2003, S. 819 ff.; *Streinz*, Europarecht, 5. Aufl. 2001, Rn. 674; *Koenig/Haratsch*, Europarecht, 3. Aufl. 2000, Rn. 599; *Troberg*, in: von der Groeben/Thiesing/Ehlermann, Kommentar zum EU/EG-Vertrag, Bd. 1, 5. Aufl. 1997, Art. 59 EGV Rn. 4 (vgl. auch dort Fn. 4), 17 ff.; Geiger, EUV/EGV, 3. Aufl. 2000, Art. 50 EGV Rn. 11 ff.

[330] EuGH, verb. Rs. C-369 u. 376/96, Slg. 1999, I-8453, Rn. 33 - *Arblade*; Rs. C-3/95, Slg. 1996, I-6511 Rn. 25 - *Reisebüro Broede*; Rs. C-222/95, Slg. 1997, I-3899 Rn. 18 - *Parodi*; Rs. 43/93, Slg. 94, I-3803, Rn. 14 – *Vander Elst*; vgl. auch Generalanwalt *Jacobs*, in: EuGH, Rs. C/ 76/90, Slg. 1991, I-4221, Rn. 12 - *Säger*.

führt wurde, wäre eine Pflichtmitgliedschaft in der Handwerksinnung für die betroffenen EG-Ausländer insbesondere mit der Pflicht zur Entrichtung von Mitgliedsbeiträgen verbunden. Diese Zahlungspflicht, aber auch andere aus der Mitgliedschaft erwachsende Pflichten, könnten die grenzüberschreitende Erbringung von Handwerksdienstleistungen weniger attraktiv machen und damit die Ausübung des freien Dienstleistungsverkehrs durch die Betroffenen behindern.

Insofern ist auf die *Corsten*-Entscheidung des EuGH vom 3. Oktober 2000 zu verweisen[331]. Der EuGH hat hier u. a. für Recht erkannt, daß im Lichte des Art. 49 EGV das etwaige Erfordernis einer Eintragung von in anderen Mitgliedstaaten ansässigen Dienstleistenden in die Handwerksrolle des Aufnahmelandes – gesetzt den Fall, es ist gerechtfertigt – weder zusätzliche Verwaltungskosten noch die obligatorische Zahlung von Beiträgen an die Handwerkskammer nach sich ziehen dürfe[332]. Diese zu den Handwerkskammern getroffenen Feststellungen lassen sich auch auf eine mögliche Pflichtmitgliedschaft in Handwerksinnungen übertragen.

Zu erwägen wäre aber, ob eine Pflichtmitgliedschaft in Handwerksinnungen und die damit verbundene Pflicht zur Entrichtung von Beiträgen möglicherweise durch einen zwingenden Grund des Allgemeininteresses gerechtfertigt sein könnten. Der EuGH hat die Rechtfertigung eines Eingriffs in die Freiheit des Dienstleistungsverkehrs in der *Corsten*-Entscheidung mit der Begründung abgelehnt, daß Unternehmen, die anders als im Aufnahmeland niedergelassene Unternehmen dort nur gelegentlich oder sogar nur ein einziges Mal Dienstleistungen erbringen wollten, davon abgehalten werden könnten, ihr Vorhaben durchzuführen, wenn der Zeit- und Kostenaufwand dazu führe, daß der Gewinn zumindest bei kleineren Vorhaben wirtschaftlich nicht mehr attraktiv sei[333]. Der freie Dienstleistungsverkehr, ein fundamentaler Grundsatz des Vertrages, sowie die Richtlinie 64/427[334] könnten daher für diese Unternehmen ihre praktische Wirksamkeit einbüßen.

Es wäre wahrscheinlich, daß der EuGH auch die Rechtfertigung einer mit einer Beitragspflicht verbundenen Pflichtmitgliedschaft in den Hand-

---

[331] EuGH, Rs. C-58/98, Slg. 2000, I-7919 – *Corsten*.
[332] EuGH, Rs. C-58/98, Slg. 2000, I-7919, Urteilstenor sowie Rn. 48 – *Corsten*.
[333] EuGH, Rs. C-58/98, Slg. 2000, I-7919 Rn. 45 f. – *Corsten*.
[334] Richtlinie 64/427/EWG des Rates vom 7. Juli 1964 über die Einzelheiten der Übergangsmaßnahmen auf dem Gebiet der selbständigen Tätigkeiten der be- und verarbeitenden Gewerbe der CITI-Hauptgruppen 23 - 40 (Industrie und Handwerk), ABl. 1964, Nr. 117, S. 1863, abgelöst durch Richtlinie 1999/42/EG, Abl. L 201, S. 77.

werksinnungen mit Hinweis auf die Bedrohung der praktischen Wirksamkeit des freien Dienstleistungsverkehrs ablehnen würde. Eine Rechtfertigung käme daher nur in bezug auf solche Anbieter in Betracht, die in einem solchen Umfang grenzüberschreitend Dienstleistungen erbringen, daß die mit der Innungspflichtmitgliedschaft verbundenen Pflichten nicht dazu führen, daß die grenzüberschreitende Leistungserbringung ihre Attraktivität verliert. Da die Freiheit des Dienstleistungsverkehrs für diesen Personenkreis durch eine Innungspflichtmitgliedschaft nicht in ihrer praktischen Wirksamkeit bedroht wäre, käme insofern eine Rechtfertigung aus den oben bei der Niederlassungsfreiheit dargestellten zwingenden Gründen des Allgemeininteresses in Betracht.

Eine Pflichtmitgliedschaft in Handwerksinnungen dürfte daher für in anderen Mitgliedstaaten ansässige Dienstleistende, die in einem solchen Umfang grenzüberschreitend in Deutschland Dienstleistungen erbringen, daß eine Innungspflichtmitgliedschaft dazu führt, daß die Leistungserbringung ihre Attraktivität verliert, jedenfalls nicht mit einer Pflicht zur Zahlung von Beiträgen, aber auch nicht mit sonstigen Pflichten verbunden sein. Diese Personen wären folglich entweder von einer Pflichtmitgliedschaft in Handwerksinnungen insgesamt oder aber zumindest von der Pflicht zur Leistung von Beiträgen auszunehmen.

cc) Inländerdiskriminierung

Sind Handwerker aus anderen EG-Mitgliedstaaten, die von der Freiheit gem. Art. 49 EGV Gebrauch machen und in Deutschland handwerkliche Dienstleistungen erbringen, von einer Pflichtmitgliedschaft in Handwerksinnungen, zumindest aber von der daraus resultierenden Beitragspflicht auszunehmen, stellt sich die Frage, inwiefern diese Einschränkungen auch für Inländer im Sinne des EG-Rechts gelten müssen[335].
Der Wortlaut des Art. 49 EGV stellt bereits klar, daß Beschränkungen des freien Dienstleistungsverkehrs innerhalb der Gemeinschaft nur für Angehörige der Mitgliedstaaten, die in einem anderen Staat der Gemeinschaft als demjenigen des Leistungsempfängers ansässig sind, verboten sind[336].

---

[335] Vgl. zum hiermit angesprochenen Problem der Inländerdiskriminierung bzw. umgekehrten Diskriminierung: *Epiney*, Umgekehrte Diskriminierungen, 1995; *Bleckmann*, RIW 1985, 917; *Hammerl*, Inländerdiskriminierung, 1997; *Fastenrath*, JZ 1987, 170; *Schöne*, RIW 1989, 450; *Reitmaier*, Inländerdiskriminierungen nach dem EWG-Vertrag, 1984.

[336] BVerwGE 96, 293 (301 f.); *Hammerl,* Inländerdiskriminierung, 1997, S. 151 ff.

Das bedeutet nicht etwa pauschal, daß sich nicht z.B. auch Deutsche bei der Erbringung von Dienstleistungen in Deutschland auf Art. 49 EGV berufen könnten. Sie können dies aber eben nur dann, wenn das erforderliche grenzüberschreitende Element bspw. in der Form vorliegt, daß sie sich in einem anderen Staat der Gemeinschaft niedergelassen haben[337]. Im übrigen ist die Freiheit des Dienstleistungsverkehrs auf die Erbringung von Dienstleistungen von Deutschen in Deutschland nicht anwendbar[338]. Daher ergibt sich aus dem EG-Vertrag keine Pflicht, eine Pflichtmitgliedschaft in der Handwerksinnung oder zumindest die daraus resultierende Beitragspflicht auch für Inländer, die nicht in einem anderen EG-Mitgliedstaat ansässig sind, auszuschließen.

Eine Pflicht zur Gleichbehandlung der Inländer könnte sich daher allenfalls aus nationalem Recht, namentlich aus dem allgemeinen Gleichheitssatz des Art. 3 Abs. 1 GG[339], ergeben[340]. Der allgemeine Gleichheitssatz verbietet jedenfalls, wesentlich Gleiches willkürlich ungleich und wesentlich Ungleiches willkürlich gleich zu behandeln[341]. Der Gleichheitssatz erfaßt dabei nur Gleich- bzw. Ungleichbehandlungen durch dieselbe Rechtsetzungsgewalt[342]. Dies könnte vorliegend problematisch sein, da die Pflicht, nicht in Deutschland niedergelassene EG-Bürger, die in Deutschland grenzüberschreitend Handwerksdienstleistungen erbringen, von der Pflichtmitgliedschaft in der Innung bzw. von der Beitragspflicht auszunehmen, aus Art. 49 EGV, also EG-Recht, folgte, die Innungspflichtmitgliedschaft als solche aber vom Bundesgesetzgeber angeordnet würde. Insofern könnte daher argumentiert werden, daß Art. 3 Abs. 1 GG von vorn-

---

[337] Vgl. EuGH, Rs. C-384/94, Slg. 1995, I-1141 Rn. 30 – *Alpine Investments*.
[338] BVerwGE 96, 293 (302); *Holoubek,* in: Schwarze, EU-Kommentar, 2000, Art. 49 EGV Rn. 35; *Hammerl,* Inländerdiskriminierung, S. 151 ff.; *Diefenbach,* GewArch 2001, 353 (353 f.).
[339] Zur Berufsfreiheit vgl. die obigen Ausführungen zu Art. 12 Abs. 1 GG sowie *Hammerl,* Inländerdiskriminierung, S. 151 ff.; *Diefenbach,* GewArch 2001, 353 (354 ff.); *Epiney,* Umgekehrte Diskriminierungen, 1995, S. 359 ff.; *König,* AöR 118 (1993), 591 (600 ff.)
[340] Vgl. dazu *Epiney,* Umgekehrte Diskriminierungen, 1995, S. 419 ff.; *Hammerl,* Inländerdiskriminierung, 1997, S. 176 ff. jeweils m.w.N.
[341] Vgl. etwa BVerfGE 1, 14 (52); 13, 46 (53); 49, 148 (165); 98, 365 (385).
[342] BVerfGE 10, 354 (371); 17, 319 (331); 32, 346 (360); 79, 127 (158); BVerwGE 5, 1 (9); 96, 293 (301); *Jarass,* in: Jarass/Pieroth, GG, 6. Aufl. 2002, Art. 3 Rn. 10; *Pieroth/Schlink,* Grundrechte, 18. Aufl. 2002, Rn. 431; *Osterloh,* in: Sachs, GG, 3. Aufl. 2003, Art. 3 Rn. 18; *Starck,* in: v. Mangoldt/Klein/Starck, GG, Bd. 1, 4. Aufl. 1999, Art. 3 Abs. 1 Rn. 226.

herein nicht anwendbar sei[343]. Dem ist für die vorliegende Fragestellung jedoch entgegenzuhalten, daß die Ausnahme der nicht in Deutschland niedergelassenen EG-Bürger von der Pflichtmitgliedschaft in den Innungen bzw. von der Beitragspflicht ihrerseits vom Bundesgesetzgeber geregelt würde. Es wäre also eine ungleiche Regelung durch dieselbe Rechtsetzungsgewalt gegeben. Art. 3 Abs. 1 GG wäre daher nicht grundsätzlich unanwendbar.

Es müßte aber dennoch der Tatsache Rechnung getragen werden, daß die Ausnahmeregelung nicht in der Autonomie des Bundesgesetzgebers wurzelt, sondern auf EG-Recht, hier Art. 49 EGV, beruht. Das eigentliche Problem liegt darin, daß Art. 3 Abs. 1 GG ansonsten letztlich zu einem Hebel werden könnte, um durch den EG-Vertrag gebotene Vergünstigungen für grenzüberschreitende Fälle auch auf gerade nicht vom EG-Vertrag erfaßte Fälle ohne grenzüberschreitendes Element auszuweiten. Auf diese Weise könnten die durch das Prinzip der begrenzten Einzelermächtigung (Art. 5 Abs. 1, 7 Abs. 1 EGV) limitierten Befugnisse der EG gleichsam durch die Hintertür des nationalen Gleichheitssatzes substantiell ausgeweitet werden. Einer solchen drohenden grundlegenden Grenzverschiebung zwischen den Kompetenzen der Gemeinschaft einerseits und den Kompetenzen der Mitgliedstaaten andererseits muß daher bei der Anwendung von Art. 3 Abs. 1 GG auf entsprechende Fälle Rechnung getragen werden. Art. 3 Abs. 1 GG darf kein Mittel sein, um legitime und kompetenzgemäße Grundsatzentscheidungen der einzelnen Mitgliedstaaten im Hinblick auf die Ausgestaltung ihres Rechts- und Wirtschaftssystems auszuhebeln.

Eine unter Art. 3 Abs. 1 GG im Hinblick auf eine Innungspflichtmitgliedschaft bzw. Beitragspflicht fallende Ungleichbehandlung von in einem anderen EG-Mitgliedstaat niedergelassenen Personen, die grenzüberschreitend in Deutschland Handwerksdienstleistungen erbringen, und in Deutschland niedergelassenen deutschen Handwerkern scheidet aus, da zwischen beiden Personengruppen wesentliche Unterschiede bestehen. Während in Deutschland niedergelassene deutsche Handwerker vollständig in das Wirtschaftssystem integriert sind und regelmäßig in erheblichem Umfang in Deutschland Leistungen erbringen, sind grenzüberschreitend tätige Handwerker nicht voll in das hiesige Wirtschaftssystem integriert und erbringen regelmäßig in erheblich geringerem Umfang in Deutschland Leistungen. Schon im Hinblick auf den unterschiedlichen Grad der In-

---

[343] Vgl. insbes. *Fastenrath*, JZ 1987, 170 (173 ff.); *König*, AöR 118 (1993), 591 (599 f.).

tegration in die bundesdeutsche Volkswirtschaft und die unterschiedliche Frequenz und Intensität der Leistungserbringung in Deutschland bestehen zwischen den Gruppen Unterschiede von solcher Art und solchem Gewicht[344], daß die Ungleichbehandlung im Hinblick auf Innungspflichtmitgliedschaft bzw. Beitragspflicht gerechtfertigt ist.

Mit in anderen EG-Mitgliedstaaten niedergelassenen grenzüberschreitend in Deutschland tätigen Handwerkern wären allenfalls diejenigen Inländer unmittelbar vergleichbar, die in ähnlich reduziertem Umfang wie erstere Leistungen erbringen. Derartige Ausnahmefälle, die zudem schwer abzugrenzen sind, dürfte der Gesetzgeber jedoch im Rahmen einer typisierenden Betrachtungsweise bei der Anordnung der Pflichtmitgliedschaft vernachlässigen[345]. Ferner wäre im Hinblick auf die Rechtfertigung einer Ungleichbehandlung auch zu berücksichtigen, daß der im EG-Ausland Ansässige bereits in dem EG-Mitgliedstaat, in dem er ansässig ist, einer Pflichtmitgliedschaft in öffentlich-rechtlichen berufsständischen Verbänden unterliegen kann. Im Ergebnis wären im EG-Ausland ansässige Handwerker, die die Freiheit des Dienstleistungsverkehrs nutzen, um in Deutschland Handwerksleistungen zu erbringen, daher nicht notwendig weniger belastet, als Inländer, die in ähnlich reduziertem Umfange Handwerksdienstleistungen erbringen[346].

Als Ergebnis kann daher festgehalten werden, daß die aus Art. 49 EGV folgende Pflicht, bestimmte Personen, die in einem anderen EG-Mitgliedstaat niedergelassen sind und unter Nutzung der Freiheit des Dienstleistungsverkehrs gem. Art. 49 EGV in Deutschland grenzüberschreitend Handwerksdienstleistungen erbringen, von der Pflichtmitgliedschaft in der Handwerksinnung, zumindest aber von der damit verbundenen Beitragspflicht zu befreien, nicht impliziert, daß auch Inländer von diesen Pflichten befreit werden müßten[347].

---

[344] Zu der sog. neuen Formel des BVerfG vgl. BVerfGE 55, 72 (88); 82, 126 (146); 84, 133 (157); 85, 191 (210); 87, 1 (36); 87, 234 (255); 88, 5 (12); 95, 39 (45); 102, 41 (54).

[345] Vgl. zum analogen Problem in Bezug auf Handwerkskammern *Meyer/Diefenbach*, Handwerksordnung und Europäische Union: Ausländer-/Inländerdiskriminierung?, 2001, S. 104; *Diefenbach,* GewArch 2001, 353 (359).

[346] Vgl. auch *Meyer/Diefenbach*, a.a.O., S. 104.

[347] Vgl. zur IHK-Pflichtmitgliedschaft auch: *Jahn*, GewArch 1999, 449 (451).

III. Keine staatliche Pflicht zur Anordnung einer obligatorischen Innungsmitgliedschaft

1. Der Handlungsspielraum des Staates bei der Erfüllung seiner Funktions- und Finanzgewährleistungspflicht

Wie oben im einzelnen dargelegt, obliegt dem Staat gegenüber den Innungen eine Funktions- und Finanzgewährleistungspflicht. Dies bedeutet, daß der Staat verpflichtet ist, den Innungen durch geeignete Maßnahmen eine effektive Aufgabenerfüllung zu ermöglichen; hierzu gehört insbesondere die Gewährleistung einer aufgabenadäquaten Finanzausstattung. Die Existenz einer solchen staatlichen Funktions- und Finanzgewährleistungspflicht kann insbesondere nicht mit dem Argument bestritten werden, der Staat könne jederzeit durch eine entsprechende Änderung der HwO die Innungen als öffentlich-rechtliche Körperschaften abschaffen und die Vertretung der wirtschaftlichen Interessen der einzelnen Handwerke der sich dann zwangsläufig etablierenden privaten Verbandsmacht überlassen.

Es ist zwar richtig, daß der Staat nicht daran gehindert ist, das Innungsrecht zu privatisieren und die Innungen in ihrer derzeitigen Form aufzulösen. Ebenso wie der Staat neue staatliche Behörden schaffen und existierende Behörden auflösen darf, darf er auch neue öffentlich-rechtliche Körperschaften errichten und bestehende Körperschaften auflösen. Das Damoklesschwert der Auflösung schwebt über fast jeder juristischen Person des öffentlichen Rechts. Anders als die Gemeinden sind die öffentlich-rechtlichen Innungen auch nicht institutionell garantiert. All dies ändert aber nichts daran, daß der Staat, solange er an bestimmten körperschaftlichen Einrichtungen festhält, sich ihrer zur Erfüllung staatlicher Aufgaben bedient und ihnen die Wahrnehmung sonstiger öffentlicher Aufgaben überträgt, von Rechtsstaats wegen verpflichtet ist, eine funktionsgerechte Aufgabenerfüllung zu gewährleisten, wozu auch eine entsprechende Finanzausstattung gehört[348].

Wie der Staat diese Pflicht im einzelnen erfüllt, bleibt allerdings ihm überlassen. Eine Pflicht, ganz bestimmte konkrete Maßnahmen zu ergreifen, besteht nicht. So kann der Staat eine effektive Aufgabenerfüllung durch entsprechende organisatorische Regelungen, die Einräumung von Eingriffsbefugnissen und weitere flankierende Vorkehrungen sicherstellen. Seiner Finanzgewährleistungspflicht kann der Staat namentlich durch die Bereitstellung spezieller staatlicher Budgets oder durch die Einräumung

---
[348] Dazu im einzelnen oben S. 57 ff.

des Rechts zur Beitrags- und Gebührenerhebung nachkommen; möglich sind auch Kombinationsmodelle. Bei den Handwerksinnungen hat der Staat in § 73 HwO das Beitrags- und Gebührenmodell gewählt bei – freilich nur verbaler – Benennung des Vorrangs der Deckung des Finanzbedarfs aus Vermögenserträgen und anderen Einnahmen.

Eine staatliche Pflicht, die Erfüllung der Innungsaufgaben und die hierfür erforderliche Finanzausstattung der Innungen durch die Anordnung einer Innungspflichtmitgliedschaft zu optimieren, besteht grundsätzlich nicht. Derartige Optimierungseffekte wären zweifellos Folge der Einführung einer Innungspflichtmitgliedschaft, die das personelle und finanzielle Fundament der Innungen erheblich verbreitern würde. Indes ist der Staat zum einen nicht zur Gewährleistung einer bestmöglichen, sondern eben nur einer funktionsgerechten effektiven Aufgabenerfüllung verpflichtet. Zum anderen verfügt der Staat über einen sehr weiten Entscheidungsspielraum, durch welche Maßnahmen er eine funktionsgerechte Erfüllung der Innungsaufgaben ermöglicht.

Dies bedeutet für die Frage der Innungspflichtmitgliedschaft: Sollten veränderte wirtschaftliche und gesellschaftliche Rahmenbedingungen, wie etwa die Änderung der Struktur der in den Innungen vertretenen Unternehmen und die Entwicklung des gesamten Kammer- und Verbandswesens sowie ein damit einhergehender fühlbarer Mitgliederschwund der Innungen tatsächlich die funktionsgemäße Aufgabenerledigung und Finanzausstattung der Innungen ernsthaft gefährden, muß der Staat geeignete Gegenmaßnahmen treffen. Ebenso wie der Staat verpflichtet ist, die wirtschaftlichen und gesellschaftlichen Rahmenbedingungen sowie die Entwicklung des Kammer- und Verbandswesens daraufhin zu überprüfen, ob die Voraussetzungen für die Aufrechterhaltung der Industrie- und Handelskammern sowie der Handwerkskammern noch bestehen[349], ist er auch zur ständigen Beobachtung verpflichtet, ob unter den gegenwärtigen wirtschaftlichen und gesellschaftlichen Rahmenbedingungen des Kammer- und Verbandswesens im Handwerksrecht eine den gesetzlichen Vorgaben entsprechende ordnungsgemäße und effektive Aufgabenerledigung durch die Innungen noch möglich ist. Ist dies nicht der Fall, ist der Staat wie oben im einzelnen dargelegt nicht daran gehindert, eine Innungspflichtmitgliedschaft anzuordnen. Er kann statt dessen aber auch zu anderen funktions- und finanzgewährleistenden Maßnahmen greifen.

---

[349] BVerfG NVwZ 2002, 336.

2. Die fehlende Einschlägigkeit von Art. 3 Abs. 1 GG

Eine staatliche Pflicht zur Einführung einer Innungspflichtmitgliedschaft und ein hierauf gerichteter Anspruch der Innungen lassen sich auch nicht aus dem allgemeinen Gleichheitssatz des Art. 3 Abs. 1 GG ableiten. Ungeachtet der nicht unproblematischen Anerkennung partieller Grundrechtsfähigkeit der Innungen durch das BVerfG[350] ist der Staat prinzipiell nicht daran gehindert, ein duales Ordnungssystem des Handwerks zu schaffen, in dem die Vertretung der Interessen der Einzelhandwerke öffentlichrechtlichen Körperschaften mit freier Mitgliedschaft obliegt, während die Vertretung des Interesses des Gesamthandwerks einschließlich der mittelbaren Staatsaufsicht über die Innungen (§ 75 HwO) öffentlich-rechtlichen Körperschaften mit Pflichtmitgliedschaft übertragen wird. Allein diese gesetzliche Entscheidung vermag die Annahme einer willkürlichen Ungleichbehandlung von im wesentlichen gleichen Sachverhalten bzw. eine Ungleichbehandlung ohne rechtfertigende gewichtige Gründe[351], die der Sache nach gegen Art. 3 Abs. 1 GG sowie gegen das rechtsstaatliche objektiv-rechtliche Gleichbehandlungsverbot verstieße, nicht zu begründen. Eine ganz andere, hiervon zu trennende Frage ist dagegen, ob die Aufrechterhaltung der Pflichtmitgliedschaft in den Handwerkskammern unter bestimmten speziell die Innungen betreffenden Umständen den verfassungsrechtlichen Anforderungen noch genügt.

IV. Die Möglichkeit der Verfassungswidrigkeit des Festhaltens an der Pflichtmitgliedschaft in den Handwerkskammern

1. Die Folgen staatlicher Untätigkeit im Falle einer akuten staatlichen Handlungspflicht gegenüber den Innungen

Durchaus vorstellbar ist ein Szenario, in dem eine länger andauernde wirtschaftliche Rezession zu einer strukturellen Schwächung des gesamten Handwerks führt und die Innungsmitglieder mangels Alternative, aus der Handwerkskammer auszutreten, aus finanziellen Erwägungen in erheblichem Umfang zu einem Innungsaustritt veranlaßt. Ein Mitgliederschwund

---

[350] BVerfGE 70, 1 (20 f.); NVwZ 1994, 262.
[351] Vgl. zur Willkürformel und zur sog. neuen Formel etwa *Sachs*, JuS 1997, 124 ff.; *Jarass*, NJW 1997, 2545 ff.; *Bryde/Kleindiek*, Jura 1999, 36 ff.; *Odendahl*, JA 2000, 170 ff.

größeren Ausmaßes würde nicht nur die personelle Grundlage für eine funktionsgerechte Aufgabenwahrnehmung der Innungen schwächen und das dem Innungswesen zugrundeliegende Prinzip der autonomen wirtschaftlichen Selbstverwaltung in Frage stellen. Die mit einem länger anhaltenden Mitgliederschwund verbundenen erheblichen finanziellen Verluste würden den Innungen in absehbarer Zeit auch die finanzielle Grundlage für eine den gesetzlichen Vorgaben entsprechende Aufgabenerledigung entziehen. Ein Gegensteuern durch die Innungen selbst wäre nur sehr eingeschränkt möglich – eine Beitragserhöhung sogar kontraproduktiv. Eine wirksame Vertretung der Interessen der Einzelhandwerke einschließlich der Erfüllung der hierzu gehörenden öffentlichen Aufgaben wäre nicht mehr möglich. Eine empfindliche Störung, wenn nicht gar Zerstörung der Strukturen des dualen Ordnungssystems des Handwerks wäre unausweichlich.

Unter diesen, die staatliche Funktions- und Finanzgewährleistungspflicht auslösenden Umständen könnte der Staat vor allem folgende Maßnahmen zur Absicherung der Innungen ergreifen: Er könnte die Innungen durch Gewährung finanzieller Zuwendungen unmittelbar unterstützen. Denkbar wäre auch eine mittelbare Förderung der Innungen durch ein staatlich veranlaßtes Beitrags-Bonussystem der Handwerkskammern für Kammermitglieder, die zugleich Innungsmitglieder sind[352]. Zulässig und unter Umständen sogar rechtspolitisch geboten wäre die Anordnung einer Innungspflichtmitgliedschaft. Schließlich wäre auch die Abschaffung der Pflichtmitgliedschaft in den Handwerkskammern möglich.

Unabhängig von der Frage, ob der Staat zu einem ganz bestimmten Handeln zugunsten der Innungen verpflichtet ist und ob die Innungen einen hierauf gerichteten einklagbaren Anspruch haben, steht eines fest: Unternimmt der Staat gar nichts und ist die Funktionsfähigkeit der Innungen dadurch tatsächlich bedroht, verhält sich der Staat rechtswidrig. Das Festhalten an der Pflichtmitgliedschaft in den Handwerkskammern unter gleichzeitiger Weigerung, die Funktionsfähigkeit der Innungen durch aktive unterstützende Maßnahmen abzusichern, verstößt dann gegen die dem Staat den Innungen gegenüber obliegende rechtsstaatliche Funktionsgewährleistungspflicht. Die staatliche Aufrechterhaltung der Pflichtmitgliedschaft in den Handwerkskammern bei gleichzeitigem Unterlassen innungsstützender Maßnahmen würde nicht nur die Erfüllung der den Innungen obliegenden staatlichen Aufgaben in Frage stellen. Bedroht wäre auch die Wahrnehmung nichtstaatlicher Funktionen, die nach bundesverfassungs-

---

[352] Dazu im einzelnen unten S. 107 ff.

gerichtlicher Rechtsprechung jedenfalls zum Teil grundrechtlich geschützt sind[353].

2. Die Möglichkeit einer Verfassungsbeschwerde der Innungen gegen § 90 Abs. 2 HwO

Verfassungsprozessuales Mittel der Innungen zur Abwehr staatlicher Gefährdungen und Beeinträchtigungen grundrechtlich geschützter Funktionen ist die Verfassungsbeschwerde nach Art. 93 Abs. 1 Nr. 4a GG[354]. Eine Verfassungsbeschwerde der Innungen gegen die in § 90 Abs. 2 HwO gesetzlich angeordnete Pflichtmitgliedschaft in den Handwerkskammern wäre unter den oben geschilderten Umständen nicht von vornherein ausgeschlossen. Ihr stünde auch nicht die erst vor kurzer Zeit vom BVerwG bejahte Verfassungsmäßigkeit der Pflichtmitgliedschaft in den Handwerkskammern[355] entgegen. Unabhängig davon, daß das BVerwG die Frage der Verfassungsmäßigkeit der Kammerpflichtmitgliedschaft weder gegenüber den Streitbeteiligten[356] und schon gar nicht gegenüber den Innungen rechtskräftig mit der Fristfolge des § 93 Abs. 1 BVerfGG entschieden hat, hat sich das BVerwG zu der hier in Rede stehenden Problematik nicht geäußert.

Einer Verfassungsbeschwerde gegen § 90 Abs. 2 HwO stünde schließlich auch nicht die Jahresfrist des § 93 Abs. 3 BVerfGG entgegen. § 93 BVerfGG trifft keine Fristbestimmungen für Verfassungsbeschwerden gegen staatliches Unterlassen[357]. Ein Fall staatlichen Unterlassens ist auch dann gegeben, wenn der Gesetzgeber seine aufgrund veränderter Umstände entstandene Pflicht zur Nachbesserung eines ursprünglich verfassungsmäßigen Gesetzes verletzt[358]. Daß dem Gesetzgeber eine Pflicht zur ständigen Prüfung der Voraussetzungen für eine Aufrechterhaltung der Pflichtmitgliedschaft in öffentlich-rechtlichen Zwangskorporationen obliegt, hat das BVerfG erst jüngst ausdrücklich festgestellt[359].

---

[353] BVerfGE 70, 1 (20 f.); NVwZ 1994, 262.
[354] So BVerfGE 70, 1 (15 ff.).
[355] BVerwGE 108, 169 ff.
[356] Die Ausgangsklage richtete sich gegen einen Kammerbeitragsbescheid.
[357] BVerfGE 77, 170 (208 ff.); *Majer*, in: Umbach/Clemens, BVerfGG, 1992, § 93 Rn. 40 ff.; *Lechner/Zuck*, BVerfGG, 4. Aufl. 1996, § 93 Rn. 71 ff.
[358] BVerfGE 56, 54 (71 f., 78 f.); 65, 1 (55 f.); dazu kritisch *Lechner/Zuck*, BVerfGG, 4. Aufl. 1996, § 90 Rn. 77 ff.
[359] BVerfG NVwZ 2002, 336.

Ob das BVerfG im Falle einer erfolgreichen Verfassungsbeschwerde § 90 Abs. 2 HwO tatsächlich für verfassungswidrig und nichtig erklären würde, steht auf einem ganz anderen Blatt. Vieles spricht für die Feststellung der Verfassungswidrigkeit des gegenwärtigen Zustandes, das heißt der Untätigkeit des Staates, und die Formulierung einer staatlichen Handlungspflicht, ohne deren Erfüllung § 90 Abs. 2 HwO ab einem bestimmten Zeitpunkt nichtig würde[360].

E. Die Rechtspflicht zur Einführung eines Kammerbeitrags-Bonussystem für Innungsbetriebe

I. Problemlage

Nach dem derzeitigen dualen Ordnungssystem des Handwerks obliegt den Handwerkskammern die Vertretung des Interesses des gesamten Handwerks (§§ 90 Abs. 1, 91 Abs. 1 Nr. HwO), während die Innungen die Interessen der einzelnen Handwerke vertreten (§§ 52 Abs. 1 S. 1, 54 Abs. 1 S. 1 HwO)[361]. Schon diese allgemeinen gesetzlichen Aufgaben- und Zweckbestimmungen überschneiden sich. So unterstützt die Förderung der einzelnen Handwerke durch die Innungen zwangsläufig auch das gesamte Handwerk als Wirtschaftssektor wie umgekehrt die Förderung des Gesamthandwerks durch die Handwerkskammern auch den einzelnen Handwerken zugutekommt[362]. Wie oben im einzelnen dargelegt, bestehen aber auch zwischen den einzelnen Kammer- und Innungsaufgaben zahlreiche Überschneidungen[363].

Gleichwohl ist es rechtlich nicht zu beanstanden, wenn der Staat sowohl die Förderung der einzelnen Handwerke als auch die Förderung des Ge-

---

[360] Vgl. zu derartigen Tenorierungen BVerfGE 81, 363 (363 f.); 101, 158 (238); dazu *Rennert*, in: Umbach/Clemens, BVerfGG, 1992, § 95 Rn. 39 f.; ist der gegenwärtige Zustand (gerade) noch verfassungsmäßig, ist aber absehbar, daß § 90 Abs. 2 HwO im Falle einer weiteren Untätigkeit des Staates verfassungswidrig wird, kommt auch eine Appellentscheidung in Betracht, dazu BVerfGE 80, 1 (31 ff.); 78, 249 (251); *Bethge*, in: Maunz/Schmidt-Bleibtreu/Klein/Bethge, BVerfGG, § 31 Rn. 250 ff.; *Detterbeck*, Streitgegenstand und Entscheidungswirkungen im Öffentlichen Recht, 1995, S. 336 ff.

[361] Dazu oben S. 17 ff und S. 29 ff.

[362] Vgl. zur Überschneidung der Aufgabenbereiche auch *Kormann*, GewArch 1992, 81 f.

[363] Oben S. 18 ff., 30 ff., 34 ff. sowie unten 111 f.

samthandwerks zur öffentlichen Aufgabe erklärt und mit ihrer Wahrnehmung verschiedene öffentlich-rechtliche Körperschaften betraut. Vom Entscheidungsspielraum des Gesetzgebers ist es auch gedeckt, daß er nur die Handwerkskammern als Pflichtkörperschaften konzipiert hat, während die Gründung der Innungen und der Beitritt zu ihnen freiwillig sind. Durch die Doppelspurigkeit der Interessenvertretung des Handwerks hat der Gesetzgeber erkennbar das Ziel der größtmöglichen staatlichen Förderung berufsständischer Belange des Handwerks als eines nach wie vor volkswirtschaftlich unentbehrlichen Zweigs der gewerblichen Wirtschaft und eines besonders wichtigen Teils des Mittelstandes[364] verfolgt.

Folge der unterschiedlichen rechtlichen Ausgestaltung der Kammer- und Innungsmitgliedschaft ist allerdings, daß nur die Doppelmitglieder sowohl durch ihre Präsenz in beiden öffentlich-rechtlichen Einrichtungen als auch durch ihre doppelten Beitragszahlungen das Handwerk in optimaler Weise fördern. Demgegenüber leisten die Nur-Kammermitglieder einen jedenfalls finanziell geringeren Beitrag; zugleich profitieren sie von der Förderung ihres Handwerks durch die Innung, die auf die freiwillige Mitgliedschaft und die Beitragsleistungen ihrer Berufskollegen angewiesen ist. Dieses Ungleichgewicht zwischen finanzieller Mehrbelastung der Doppelmitglieder einerseits und finanzieller Einfachbelastung der Nur-Kammermitglieder trotz Begünstigung durch die Innungstätigkeit wird verstärkt, wenn immer mehr Innungsmitglieder aufgrund wirtschaftlicher Überlegungen aus ihrer Innung austreten und die den Innungen nach wie vor in gleicher Höhe erwachsenden Kosten durch die zwangsläufig steigenden Beitragsleistungen von immer weniger Innungsmitgliedern zu tragen sind.

Vor diesem Hintergrund stellt sich die Frage, ob die Einführung eines Kammerbeitrags-Bonussystems für Doppelmitglieder rechtlich geboten ist. Ein Innungsbeitrags-Bonussystem für Doppelmitglieder scheidet dagegen von vornherein aus. Denn abgesehen von den Gastmitgliedern (§ 59 HwO) sind alle Innungsmitglieder zugleich Mitglieder einer Handwerkskammer und damit Doppelmitglieder.

II. Das prinzipielle Rechtsetzungsermessen der Handwerkskammern

Die Kammerbeiträge werden nach § 106 Abs. 1 Nr. 5 HwO von den Vollversammlungen der Handwerkskammern festgesetzt. Grundlage der Beitragserhebung ist eine von der Vollversammlung nach § 106 Abs. 1 Nr. 5

---
[364] Vgl. dazu BVerfGE 13, 97 (108).

HwO beschlossene Beitragsordnung. Die Beitragsordnung enthält den abstrakten Beitragsmaßstab, das heißt die allgemeinen Beitragsgrundlagen, aber vor allem die Bestimmung von Grund- und Zusatzbeiträgen sowie von Sonderbeiträgen einschließlich der relevanten Bemessungskriterien wie Gewerbesteuermeßbetrag, Gewerbeertrag oder Gewinn aus Gewerbebetrieb. Außerdem muß die Vollversammlung auch die tatsächliche Höhe der Beiträge beschließen. Die Festsetzung der Beitragshöhe kann in der Beitragsordnung erfolgen. Möglich ist aber auch, daß nur der Beitragsmaßstab in die Beitragsordnung aufgenommen und die Beitragshöhe in einem gesonderten Rechtsakt festgesetzt wird[365]. Sowohl der Beitragsmaßstab als auch die Beitragshöhe bedürfen gem. § 106 Abs. 2 S. 1 HwO der Genehmigung durch die oberste Landesbehörde. Die Beitragsordnung und damit auch der Beitragsmaßstab und ggf. die Beitragshöhe wird in der Rechtsform der Satzung erlassen[366]. Gleiches gilt für die Beitragshöhe, wenn sie in einem gesonderten Rechtsakt festgelegt wird.

Die HwO enthält keine substantiellen Grundsätze, die bei der Festlegung des Beitragsmaßstabes und der Beitragshöhe zu berücksichtigen sind. Die Vollversammlung ist in ihrer Entscheidung als autonomes Selbstverwaltungsorgan frei, sie verfügt über ein „normatives" Ermessen[367]. Dies bedeutet, daß die Kammervollversammlungen nicht daran gehindert sind, dem Umstand, daß die Innungsmitglieder durch ihre Innungsbeiträge einen zusätzlichen Beitrag zur Förderung des Handwerks leisten, durch eine Ermäßigung der Kammerbeiträge Rechnung zu tragen. Die Anschlußfrage ist, ob auch eine Rechtspflicht zur Einführung eines derartigen Kammerbeitrags-Bonussystems für Innungsmitglieder besteht. Diese Frage beantwortet sich nach Maßgabe der für die Beitragserhebung geltenden allgemeinen Beitragsgrundsätze.

---

[365] *Musielak/Detterbeck*, Das Recht des Handwerks, 3. Aufl. 1995, § 113 Rn. 10; *Webers*, in: Aberle, HwO, § 113 Rn. 5, 11.
[366] BVerwG GewArch 1995, 425 f.; OVG Hamburg GewArch 1989, 382.
[367] BVerwGE 108, 169 (178).

III. Die maßgeblichen Kammerbeitragsgrundsätze

1. Rechtsnatur der Handwerkskammerbeiträge

Entgegen einer in der Literatur vertretenen Auffassung sind die Handwerkskammerbeiträge keine Verbandslasten[368], für die die allgemeinen beitragsrechtlichen Grundsätze nicht gelten, sondern wie alle Mitgliedsbeiträge berufsständischer Kammern Beiträge im Rechtssinn[369]: „Die Handwerkskammerbeiträge sind deshalb Gegenleistungen für Vorteile, die das Mitglied aus der Kammerzugehörigkeit oder einer besonderen Tätigkeit der Kammer zieht oder ziehen kann."[370] Für die Beitragsbemessung der Handwerkskammern, also vor allem auch für die Festlegung des Beitragsmaßstabes, gelten deshalb die allgemeinen beitragsrechtlichen Grundsätze des Äquivalenzprinzips und des Gleichheitssatzes[371].

2. Das Äquivalenzprinzip

a) Allgemeine Bedeutung

Die Handwerkskammerbeiträge dienen der Abgeltung eines besonderen Vorteils, nämlich des sich aus der Mitgliedschaft ergebenden Nutzens, und müssen deshalb entsprechend dem Mitgliedernutzen bemessen werden. Entspricht die Beitragsbemessung nicht dem Mitgliedernutzen, ist der Beitrag unverhältnismäßig. Deshalb läßt sich aus dem verfassungsrechtlichen Verhältnismäßigkeitsgrundsatz das Äquivalenzprinzip ableiten[372], nach dem die Höhe des Beitrages nicht in einem Mißverhältnis zu dem Vorteil stehen darf, den er abgelten soll[373].

Es versteht sich von selbst, daß die Kammerbeiträge kein Entgelt für eine – wenn auch nur potentiell – individuell zurechenbare Sonderleistung der Kammern sind. Vielmehr handelt es sich um ein Entgelt für einen weitgehend nur vermuteten mittelbaren wirtschaftlichen Nutzen aus der Tätig-

---

[368] *Frentzel/Jäkel/Junge*, Industrie- und Handelskammergesetz, 6. Aufl. 1999, Nr. 4 zu § 3; *Junge*, GewArch 1986, 153; *Tettinger*, in: FS H. Kruse, 2001, 79 ff., 86 ff.
[369] BVerwGE 108, 169 (179); *Webers*, in: Aberle, HwO, § 113 Rn. 3.
[370] BVerwGE 108, 169 (179).
[371] BVerwGE 108, 169 (179); GewArch 1995, 426; VGH Bad.-Württ. GewArch 1999, 80 f.; OVG Hamburg GewArch 1993, 485 f.
[372] So VGH Bad.-Württ. GewArch 1999, 80.
[373] BVerwGE 108, 169 (179); GewArch 1995, 426; ebenso zu den IHK-Beiträgen BVerwG GewArch 1990, 399; NJW 1998, 3512.

keit der Handwerkskammern[374]. Eine individuelle Kosten-Nutzen-Rechnung im Einzelfall ist deshalb ausgeschlossen. Es ist insbesondere nicht erforderlich, daß der Beitrag einen unmittelbaren wirtschaftlichen Vorteil ausgleicht, der sich bei den einzelnen Kammermitgliedern meßbar niederschlägt[375]. Eine an einen individuellen Vorteil anknüpfende Beitragsbemessung scheidet schon deshalb aus, weil die Kammern primär das Gesamtinteresse des Handwerks fördern sollen und nicht dem individuellen Einzelinteresse ihrer Mitglieder verpflichtet sind.

Möglich und geboten ist jedoch eine generalisierende Betrachtungsweise. Bei dieser findet die Beitragserhebung der Handwerkskammern bei ihren Mitgliedern darin ihre Rechtfertigung, daß die Förderung des Interesses des Gesamthandwerks auch den Mitgliedern zugutekommt – wenn auch nur mittelbar wie z.B. durch die Schaffung wirtschaftlich günstiger Rahmenbedingungen. Daneben ziehen die Kammermitglieder auch aus der Erfüllung der einzelnen Aufgaben, die den Kammern in der HwO zugewiesen sind, einen potentiellen Nutzen – wie z.B. aus der Regelung der Berufsausbildung, dem Erlaß der verschiedenen Prüfungsordnungen oder der Einrichtung von Schlichtungsstellen zur gütlichen Streitbeilegung.

b) Der eingeschränkte Nutzen der Kammermitgliedschaft für Innungsmitglieder

Bei der gebotenen generalisierenden und typisierenden Betrachtungsweise bietet die Mitgliedschaft in der Handwerkskammer Innungsmitgliedern einen geringeren Nutzen als Nur-Kammermitgliedern. Dies erklärt sich dadurch, daß zahlreiche der den Handwerkskammern obliegenden Aufgaben kraft gesetzlicher Zuweisung oder kraft gesetzlich eingeräumter Befugnis auch von den Innungen erfüllt werden.

So obliegt den Innungen u.a.:
- laufende Information über wichtige aktuelle Entwicklungen und Ereignisse in fachlich-technischen, betriebswirtschaftlichen und rechtlichen Bereichen
- Beratung in Ausbildungsfragen
- Vermittlung von Ausbildungsbetrieben
- öffentliche Nachwuchswerbung

---

[374] BVerwG GewArch 1995, 426; ebenso zur IHK BVerwG GewArch 1990, 399; NJW 1998, 3512; dazu kritisch *Axer*, GewArch 1996, 455 f.
[375] VGH Bad.-Württ. GewArch 1999, 80; OVG Hamburg GewArch 1989, 382.

- Öffentlichkeitsarbeit wie die Werbung für das Handwerk und die Darstellung des Handwerks
- Organisation und Teilnahme an Berufsinformationsbörsen
- Unterstützung der Veranstaltungen von Mitgliedsbetrieben
- Veranstaltung von Seminaren zu aktuellen fachlichen, betriebswirtschaftlichen und rechtlichen Themen
- Verbraucheraufklärung, Durchführung von Verbraucherumfragen
- Stellungnahmen und Beratung im Zusammenhang mit der Beantragung von Ausübungsberechtigungen gem. § 7a HwO und der Beantragung von Ausnahmebewilligungen gem. § 8 HwO
- Beratung, Betreuung und Vertretung der Innungsmitglieder in Behördenangelegenheiten
- Beratung der Innungsmitglieder bei Eintragungen in die Handwerksrolle sowie bei Eintragungsänderungen
- rechtliche Beratung der Innungsmitglieder in Fragen des Vertrags-, Miet-, Arbeits-, Sozial- und Verwaltungsrechts
- steuerrechtliche Beratung der Innungsmitglieder
- betriebswirtschaftliche Beratung der Innungsmitglieder
- Einrichtung von Inkassostellen für Innungsmitglieder
- Beratung und Abwicklung von Schriftverkehr bei Auseinandersetzungen mit Nachbarn und Anwohnern, Behörden, Krankenkassen, Berufsgenossenschaften und anderen Einrichtungen
- Einrichtung von Schlichtungsstellen zur gütlichen Beilegung von Streitigkeiten zwischen den Innungsmitgliedern und ihren Auftraggebern

Diese und weitere Aufgaben erfüllen die Innungen auch dann, wenn die einzelnen Gegenstände nicht ausdrücklich in § 54 HwO oder sonstigen Vorschriften der HwO bezeichnet sind. Daß die Innungen hierzu nicht nur befugt sind, sondern ihnen auch insoweit eine öffentliche Aufgabe obliegt, folgt schon daraus, daß die Aufzählung des § 54 Abs. 1 S. 2 HwO nicht abschließend ist und daß die Innungen nach § 54 Abs. 4 HwO die Aufgabe und Befugnis zur Durchführung sonstiger Maßnahmen zur Förderung der gemeinsamen gewerblichen Interessen ihrer Mitglieder haben.

Fast alle der oben genannten Aufgaben werden aber auch von den Handwerkskammern wahrgenommen. Dies betrifft namentlich die Betriebs-, Steuer- und Rechtsberatung, die von den Innungen gem. § 54 Abs. 2 Nr. 1

HwO durchgeführt wird[376], aber auch von den Handwerkskammern gem. § 91 Abs. 1 Nr. 9 HwO angeboten wird[377], und beiden Körperschaften gem. §§ 3, 7 Rechtsberatungsgesetz und § 4 Nr. 3 Steuerberatungsgesetz erlaubt ist. Gleiches gilt für die Einrichtung von Inkassostellen der Innungen und Handwerkskammern[378].

Diese Doppelspurigkeit der Interessenförderung des Handwerks durch die Innungen und Handwerkskammern vor allem auf den soeben genannten Gebieten, aber auch in vielen anderen Einzelbereichen beruht zum einen auf der sehr weit gefaßten Vorschrift des § 54 Abs. 2 Nr. 1 HwO, wonach die Innungen zum Zwecke der Erhöhung der Wirtschaftlichkeit der Betriebe ihrer Mitglieder Einrichtungen zur Verbesserung der Arbeitsweise und der Betriebsführung schaffen und fördern sollen, aber gem. § 54 Abs. 4 HwO auch sonstige Maßnahmen zur Förderung der gemeinsamen gewerblichen Interessen der Innungsmitglieder ergreifen können, und der ebenfalls sehr weit gefaßten Bestimmung des § 91 Abs. 1 Nr. 9 HwO, wonach den Handwerkskammern die Aufgabe obliegt, die wirtschaftlichen Interessen des Handwerks zu fördern. Zum anderen beruhen die vielfältigen Aufgabenüberschneidungen auf den vom Gesetzgeber bewußt offen formulierten Aufgaben- und Kompetenzbestimmungen der §§ 54 Abs. 1 S. 1, 91 Abs. 1 Nr. 1 HwO, wonach die Innungen die gemeinsamen gewerblichen Interessen ihrer Mitglieder und die Handwerkskammern die Interessen des Handwerks fördern. Die den Handwerkskammern obliegende Förderung des Gesamtinteresses des Handwerks schließt aber auch die Förderung der wirtschaftlichen Interessen der einzelnen Handwerksbetriebe ein[379]. Insoweit hat die Begründung zur Handwerksnovelle vom 26. Juli 1897 nach wie vor ihre Berechtigung: „Die Handwerkskammer wird naturgemäß eine doppelte Aufgabe haben. Sie wird ... die Gesamtinteressen des Handwerks und die Interessen der in ihrem Bezirk vorhandenen Handwerker ... zu vertreten haben ..."[380]. Damit werden viele Aufgaben der Handwerksinnungen auch von den Handwerkskammern erfüllt.

---

[376] Dazu *Musielak/Detterbeck*, Das Recht des Handwerks, 3. Aufl. 1995, § 54 Rn. 21; *Heck*, in: Aberle, HwO, § 54 Rn. 22 f.

[377] Dazu *Musielak/Detterbeck*, a.a.O., § 91 Rn. 46 f.; *Heck*, a.a.O., § 91 Rn. 59 ff., 62 f., 64 f.

[378] Dazu *Musielak/Detterbeck*, a.a.O., § 54 Rn. 48; *Heck*, a.a.O., § 91 Rn. 66; *ders.*, GewArch 1982, 48 ff.

[379] *Heck*, in: Aberle, HwO, § 91 Rn. 1; *Fröhler/Kormann*, GewArch 1984, 177 ff.; *Redeker*, NJW 1972, 1844; vgl. auch *Musielak/Detterbeck*, Das Recht des Handwerks, 3. Aufl. 1995, § 91 Rn. 1.

[380] Abgedruckt bei *Heck*, a.a.O., § 91 Rn. 81.

Für die Nur-Kammermitglieder hat diese doppelte Aufgabenstellung der Handwerkskammern ihren guten Sinn: Durch sie ist gewährleistet, daß nicht nur das Gesamtinteresse des Handwerks optimal vertreten wird, sondern auch die Belange der einzelnen Handwerksbetriebe wirksam gefördert werden. Für die Doppelmitglieder trifft dies indes nicht in gleicher Weise zu. Zwar entspricht die Förderung des Gesamthandwerks durch die Handwerkskammern auch ihren wohlverstandenen Interessen; eben dies rechtfertigt letztlich die Pflichtmitgliedschaft in den Handwerkskammern. Die individuellen wirtschaftlichen Belange der Doppelmitglieder werden indes schon von ihren Innungen wirksam gefördert. Für eine zusätzliche Förderung durch ihre Handwerkskammern besteht in der Regel kein Bedarf. So kann eine offene Forderung eines Handwerksbetriebes nur von einer Inkassostelle eingezogen werden. Wird die Inkassostelle der Innung beauftragt, ist für eine gleichzeitige Beauftragung der Inkassostelle der Handwerkskammer kein Raum mehr. Bei den anderen Aufgaben, die sowohl von den Innungen als auch den Handwerkskammern wahrgenommen werden, verhält es sich ähnlich. Deshalb ist die Mitgliedschaft in der Handwerkskammer für Innungsmitglieder von geringerem Interesse und Nutzen als für Nur-Kammermitglieder.

c) Die Unverhältnismäßigkeit des vollen Kammerbeitrages für Innungsmitglieder

Der generelle und nicht nur im konkreten Einzelfall bestehende Mindernutzen der Kammerpflichtmitgliedschaft für Innungsmitglieder wirkt sich auch auf das Verhältnis zwischen Kammerbeitrag und mitgliedschaftlichem Nutzen aus. Die Innungsmitglieder müssen nach den einschlägigen Kammerbeitragsordnungen einen ebenso hohen Kammerbeitrag leisten wie die Nur-Kammermitglieder, haben aber einen weitaus geringeren mitgliedschaftlichen Nutzen als diese. Der Kammerbeitrag der Innungsmitglieder ist damit im Vergleich zum Kammerbeitrag der Nur-Kammermitglieder unverhältnismäßig hoch. Dies gilt auch dann, wenn Handwerksinnungen und Handwerkskammern für die Inanspruchnahme individueller Leistungen Gebühren nach §§ 73 Abs. 2, 113 Abs. 4 HwO erheben. Die von den Innungen und Kammern betriebenen Einrichtungen und erbrachten Leistungen sind nicht ausschließlich gebührenfinanziert. Die Attraktivität der von ihnen erbrachten individuellen Leistungen beruht in nicht unerheblichem Maße auf den spezifisch handwerksorientierten Strukturen dieser Körperschaften, die ganz überwiegend beitragsfinanziert sind. Deshalb finanzieren die Innungsmitglieder mit ihren Kammerbeiträgen in nicht unerheblichem Umfang Einrichtungen und Leistungen der Kammern, die für sie keinen Nutzen haben oder einen weitaus geringeren Nutzen als für die Nur-Kammermitglieder.

Der Annahme, die volle und uneingeschränkte Kammerbeitragspflicht der Innungsmitglieder verstoße gegen das Äquivalenzprinzip, kann insbesondere nicht entgegengehalten werden, die Innungsmitglieder bräuchten die Innungsleistungen nicht in Anspruch zu nehmen, sie könnten auf die vergleichbaren Kammerleistungen zurückgreifen, in letzter Konsequenz könnten sie aus den Innungen austreten und sich die Innungsbeiträge sparen. Diese Argumentation wäre deshalb verfehlt, weil eine Inanspruchnahme der vergleichbaren Kammerleistungen nichts an der Tatsache änderte, daß die Beitragsfinanzierung dieser Leistungen deshalb nicht im Interesse der Innungsmitglieder liegt, weil die vergleichbaren Innungsleistungen bereits aus ihren Innungsbeiträgen finanziert werden. Für die Innungsmitglieder handelt es sich deshalb um unnötige Kammerleistungen.

Der Verweis auf die Möglichkeit des Innungsaustrittes wäre verfehlt, weil er mit der gesetzlichen Grundordnung der Interessenvertretung und Interessenförderung des Handwerks unvereinbar wäre. Der Gesetzgeber hat die Innungen als öffentlich-rechtliche Körperschaften kreiert und ihnen öffentliche Aufgaben übertragen. Dem Staat obliegt ihnen gegenüber eine Funktions- und Finanzgewährleistungspflicht. All dies ist kennzeichnend für den besonderen Status der Innungen als wirtschaftlich und wirtschaftspolitisch bedeutsame Einrichtungen im Zwischenbereich von Staat und Gesellschaft und unterscheidet sie grundlegend von den nicht näher gesetzlich geregelten ausschließlich privaten Wirtschafts- und Interessenverbänden. Die freiwillige Innungsmitgliedschaft ist eine tragende Säule des gesetzlichen Ordnungsmodells, das durch den Verweis auf ein systemwidriges Mitgliederverhalten nicht geschwächt werden darf. Anders gewendet: Das Argument der Möglichkeit des Innungsaustrittes, um dadurch eine unverhältnismäßig hohe Belastung mit Kammerbeiträgen zu vermeiden, ist beitragsrechtlich unbeachtlich. Hinzu kommt, daß eine gewisse Anrechnung der Innungsbeiträge auf die von den Innungsmitgliedern zu leistenden Kammerbeiträge von den Kammern durch eine entsprechende Anhebung der Kammerbeiträge, die jedenfalls in vollem Umfang lediglich die Nur-Kammermitglieder trifft, ausgeglichen werden kann. Eine vergleichbare Differenzierung bei den Innungen ist nicht möglich, weil die Innungsmitglieder in der Regel zugleich Kammermitglieder sind.

Damit bleibt festzuhalten, daß die uneingeschränkte Kammerbeitragspflicht der Innungsmitglieder wegen Mißachtung des beitragsrechtlichen Äquivalenzprinzips unverhältnismäßig ist. Die entsprechenden Beitragssatzungen der Handwerkskammern sind deshalb rechtswidrig.

3. Der Grundsatz der Beitragsgerechtigkeit als Ausprägung des Gleichheitssatzes des Art. 3 Abs. 1 GG

a) Allgemeine Bedeutung

Die undifferenzierte Heranziehung der Innungsmitglieder zur Zahlung des vollen Kammerbeitrages könnte auch gegen den Grundsatz der Beitragsgerechtigkeit verstoßen. Der auf den Gleichheitssatz des Art. 3 Abs. 1 GG zurückgehende Grundsatz der Beitragsgerechtigkeit[381] verlangt eine im Verhältnis der Beitragspflichtigen zueinander vorteilsgerechte Bemessung der Beiträge. Der Grundsatz der Beitragsgerechtigkeit weist insofern eine Nähe zum oben behandelten Äquivalenzprinzip auf, als es bei beiden Grundsätzen um eine vorteilsgerechte Bemessung der Beiträge geht. Während beim aus dem Verhältnismäßigkeitsgrundsatz abgeleiteten Äquivalenzprinzip aber die lineare Kosten-Nutzen-Bilanz im Vordergrund steht – das heißt ein Kosten-Nutzen-Vergleich in bezug auf den einzelnen Beitragspflichtigen, aber vor allem auch im Hinblick auf eine homogene Gruppe von Beitragspflichtigen –, erfolgt beim gleichheitsrechtlichen Grundsatz der Beitragsgerechtigkeit eine Kosten-Nutzen-Abwägung im Vergleich verschiedener Gruppen von Beitragspflichtigen zueinander. Das heißt freilich nicht, daß bei der Prüfung des Äquivalenzprinzips der allgemeine Gleichheitssatz nicht herangezogen werden dürfte. Sofern im Rahmen des Äquivalenzprinzips eine besondere beitragsrechtliche Befindlichkeit einer bestimmten Gruppe von Beitragspflichtigen von Bedeutung ist, müssen – wie oben geschehen – auch Elemente des Gleichbehandlungsgrundsatzes mitberücksichtigt werden[382].

Obwohl das BVerwG in einer vereinzelten Entscheidung ausdrücklich zwischen dem Grundsatz der Beitragsgerechtigkeit und dem allgemeinen Gleichheitssatz des Art. 3 Abs. 1 GG unterschieden hat[383], läuft die Prüfung der Beitragsgerechtigkeit auf eine reine Anwendung von Art. 3 Abs. 1 GG hinaus. Dementsprechend hat das BVerwG in nachfolgenden Ent-

---
[381] BVerwGE 74, 149 (151); 104, 60 (63); „Grundsatz der Abgabengerechtigkeit".
[382] Ebenso BVerwG GewArch 1995, 426; VGH Bad.-Württ. GewArch 1999, 80.
[383] BVerwGE 74, 149 (151).

scheidungen spezifische Aspekte der Beitragsgerechtigkeit der Bemessung von Beiträgen zu berufsständischen Kammern im Rahmen der Prüfung des Gleichheitssatzes des Art. 3 Abs. 1 GG berücksichtigt[384]. Die Handwerkskammern sind bei der satzungsmäßigen Bestimmung der Beitragsbemessungsgrundsätze und der Beitragshöhe zur Gleichbehandlung der ihrer Satzungsgewalt unterworfenen Kammermitglieder verpflichtet. Das BVerwG führt zum insoweit vergleichbaren kommunalen Abgabenrecht aus: „Der Gleichheitssatz des Art. 3 Abs. 1 GG bedeutet für den [...] Satzungsgeber die allgemeine Weisung, bei steter Orientierung am Gerechtigkeitsgedanken Gleiches gleich, Ungleiches seiner Eigenart entsprechend verschieden zu behandeln [...] Dies gilt auch für die das Abgabenrecht beherrschende Ausprägung des Art. 3 Abs. 1 GG als Grundsatz der Abgabengerechtigkeit"[385]. Der Gleichheitsgrundsatz des Art. 3 Abs. 1 GG verlangt von den Handwerkskammern, daß sie die Beiträge im Verhältnis der Beitragspflichtigen untereinander grundsätzlich vorteilsgerecht bemessen[386]. „Dies bedeutet im Rahmen einer vorteilsbezogenen Beitragsbemessung, daß bei wesentlichen Unterschieden hinsichtlich des Nutzens der Kammertätigkeit die Beiträge nicht gleich, sondern im Verhältnis dieser unterschiedlichen Vorteile zu bemessen sind."[387]

b) Der ungleiche gruppenspezifische Nutzen der Kammermitgliedschaft für Nur-Kammermitglieder und Auch-Innungsmitglieder

Für die hier in Rede stehende Frage einer Pflicht der Handwerkskammern zur Etablierung eines Kammerbeitrags-Bonussystems für Innungsmitglieder ergibt sich folgendes: Wie oben näher dargelegt, ist eine Vielzahl einzelner Kammerleistungen, die zum erheblichen Teil auch beitragsfinanziert sind, für die Innungsmitglieder ohne oder von zumindest deutlich geringerem Nutzen als für die Nur-Kammermitglieder. Zwar folgt aus Art. 3 Abs. 1 GG keine Verpflichtung der Handwerkskammern, bei der satzungsmäßigen Beitragsregelung individuelle Besonderheiten einzelner Kammermitglieder zu berücksichtigen. Vielmehr gestattet es der aus Art. 3 Abs. 1 GG speziell für das Abgabenrecht abgeleitete Grundsatz der Typengerechtigkeit dem Satzungsgeber, im Zuge verallgemeinernder und pauschalierender Regelungen die Besonderheiten atypischer Konstellationen zu vernachläs-

---

[384] BVerwGE 92, 24 (26 ff.); 108, 169 (179 ff.); BB 1990, 1868; GewArch 1995, 426.
[385] BVerwGE 104, 60 (63).
[386] So BVerwGE 108, 169 (181) zu den Handwerkskammerbeiträgen.
[387] BVerwGE 92, 24 (26).

sigen[388]. Zudem ist bei der Beitragsbemessung berufsständischer Kammern zu berücksichtigen, „daß eine berufsständische Kammer in erster Linie die Gesamtbelange ihrer Mitglieder zu wahren hat und daher der für die Beitragsbemessung maßgebende Nutzen nicht in einem unmittelbaren wirtschaftlichen Vorteil bestehen muß, der sich bei dem einzelnen Mitglied meßbar niederschlägt, sondern weitgehend nur vermutet werden kann".[389] Etwas anderes gilt aber dann, wenn bei typisierender Betrachtungsweise die Kammermitgliedschaft für eine ganze Gruppe von Mitgliedern von geringerem Nutzen ist als für die übrigen Mitglieder. Unterscheiden sich ganze Gruppen von Kammermitgliedern typischerweise in ihrem Nutzen, den die Kammertätigkeit für sie hat, gebietet Art. 3 Abs. 1 GG eine gruppenspezifische Differenzierung der Beitragsbemessung. Zwischen Nur-Kammermitgliedern und Kammermitgliedern, die zugleich Innungsmitglieder sind, bestehen im Hinblick auf den gruppenspezifischen Nutzen der Kammertätigkeit wesentliche Unterschiede, die einer ausnahmslosen beitragsmäßigen Gleichbehandlung beider Gruppen grundsätzlich entgegenstehen.

c) Der unterschiedlich hohe Gesamtbeitrag der Nur-Kammermitglieder und der Auch-Innungsmitglieder zur Förderung des deutschen Handwerks

Die Nur-Kammermitglieder und Auch-Innungsmitglieder unterscheiden sich aber auch noch in einem anderen wesentlichen Punkt. Durch die Etablierung sowohl der Handwerkskammern als auch der Handwerksinnungen als öffentlich-rechtliche Körperschaften und deren Betrauung mit der Vertretung der Interessen des Gesamthandwerks und der einzelnen Handwerke hat der Staat eine optimale Förderung des deutschen Handwerks erreicht. Die Vertretung der Gesamtinteressen des Handwerks durch die Handwerkskammern kommt zugleich den Einzelhandwerken und den einzelnen Handwerkern zugute wie umgekehrt auch die Vertretung der Interessen der einzelnen Handwerke durch die Innungen das Gesamthandwerk und die einzelnen Handwerker fördert. Insoweit, das heißt was die Schaffung günstiger Rahmenbedingungen für das deutsche Handwerk anbelangt, profitieren die Nur-Kammermitglieder und die Auch-Innungsmitglieder von der Tätigkeit der Handwerkskammern, aber eben auch von der Tätigkeit der Innungen in gleicher Weise. Der entscheidende Unterschied

---

[388] BVerwGE 74, 149 (158); 80, 36 (42).
[389] BVerwGE 92, 24 (26).

zwischen den Nur-Kammermitgliedern und den Auch-Innungsmitgliedern besteht aber darin, daß beide Gruppen einen unterschiedlich hohen finanziellen Beitrag zur Förderung des deutschen Handwerks und zur Schaffung günstiger Rahmenbedingungen des Handwerks leisten.

Der rechtlichen Beachtlichkeit dieses Unterschiedes zwischen den beiden Gruppen von Kammermitgliedern läßt sich nicht entgegenhalten, daß den Handwerkskammern nur die Förderung des Gesamthandwerks obliege und daß der hierfür von den Nur-Kammermitgliedern und den Auch-Innungsmitgliedern zu leistende Kammerbeitrag gleich hoch sei. Eine solche Argumentation würde verkennen, daß sich – was die Förderung des deutschen Handwerks betrifft – eine isolierte Betrachtung der Handwerkskammern einerseits und der Handwerksinnungen andererseits verbietet. Beide öffentlich-rechtlichen Institutionen sind Bestandteile eines Gesamtsystems zur Förderung des deutschen Handwerks und müssen insoweit zueinander in Beziehung gesetzt werden. Das heißt, der von den einzelnen Kammermitgliedern geleistete finanzielle Gesamtbeitrag zu diesem Konzept der effektiven Förderung des deutschen Handwerks ist ein wesentliches Kriterium zur Unterscheidung zwischen verschiedenen Gruppen von Mitgliedern der Handwerkskammern. Der Unterschied zwischen den Nur-Kammermitgliedern und den Auch-Innungsmitgliedern läßt sich auch folgendermaßen formulieren: Die Doppelmitglieder leisten einen höheren Gesamtbeitrag zur Förderung des deutschen Handwerks als die Nur-Kammermitglieder. Die möglicherweise gegen Art. 3 Abs. 1 GG verstoßende Gleichbehandlung besteht darin, daß die Doppelmitglieder zur Zahlung desselben Kammerbeitrages herangezogen werden wie die Nur-Kammermitglieder, obwohl sie durch ihren Innungsbeitrag das Handwerk bereits gefördert haben.

d) Die Pflicht zur beitragsmäßigen Ungleichbehandlung von Nur-Kammermitgliedern und Auch-Innungsmitgliedern

Die Handwerkskammern sind als Träger öffentlicher Gewalt bei der satzungsmäßigen Bestimmung der Kammerbeiträge an Art. 3 Abs. 1 GG gebunden. Aus dieser Bindung folgt die Verpflichtung, bei der Beitragsbestimmung Ungleiches seiner Eigenart entsprechend verschieden zu behandeln[390]. Wie oben im einzelnen dargelegt, bestehen zwischen den Gruppen der Doppel- und der Nur-Kammermitglieder folgende Unterschiede: Zum einen ist die Tätigkeit der Handwerkskammern für die Doppelmitglieder

---

[390] Zuletzt BVerwGE 104, 60 (63).

von geringerem Nutzen als für die Nur-Kammermitglieder. Zum anderen haben die Doppelmitglieder durch ihren Innungsbeitrag – anders als die Nur-Kammermitglieder – bereits einen Beitrag zur Förderung des deutschen Handwerks geleistet. Dennoch werden beide Personengruppen durch die Heranziehung zur Leistung des vollen Kammerbeitrages gleich behandelt.

Ebenso wie nicht schon jede Ungleichbehandlung im wesentlichen gleicher Sachverhalte oder Personengruppen gegen Art. 3 Abs. 1 GG verstößt, verletzt nicht schon jede Gleichbehandlung im wesentlichen ungleicher Sachverhalte oder Personengruppen Art. 3 Abs. 1 GG. Das BVerfG führt in diesem Zusammenhang aus: „Der allgemeine Gleichheitssatz ist nicht schon dann verletzt, wenn der Gesetzgeber Differenzierungen, die er vornehmen darf, nicht vornimmt [...] Es bleibt grundsätzlich ihm überlassen, diejenigen Sachverhalte auszuwählen, an die er dieselbe Rechtsfolge knüpft, die er also im Rechtssinn als gleich ansehen will [...] Allerdings muß er die Auswahl sachgerecht treffen [...] Art. 3 Abs. 1 GG ist danach dann verletzt, wenn für die gleiche Behandlung verschiedener Sachverhalte [...] ein vernünftiger, einleuchtender Grund fehlt [...]"[391]. Dieser Rechtsprechung liegt die sog. Willkürformel zugrunde, nach der im wesentlichen Gleiches nicht willkürlich ungleich und im wesentlichen Ungleiches nicht willkürlich gleich behandelt werden darf.

Einziger Grund der Gleichbehandlung von Auch-Innungsmitgliedern und Nur-Kammermitgliedern bei der Kammerbeitragsbemessung trotz wesentlicher Unterschiede zwischen diesen beiden Personengruppen ist die Freiwilligkeit der Mitgliedschaft in den Handwerksinnungen und die Austrittsmöglichkeit. Dieser Grund vermag die Gleichbehandlung jedoch nicht zu rechtfertigen. Denn die Heranziehung des Kriteriums der Freiwilligkeit der Innungsmitgliedschaft und die Austrittsmöglichkeit zum Zwecke der Rechtfertigung eines gleich hohen Kammerbeitrages für Innungsmitglieder trotz geringeren Nutzens der Kammertätigkeit und trotz eines bereits geleisteten Beitrages zur Förderung des Handwerks schwächt tendenziell die Position der Handwerksinnungen und damit das vom Staat geschaffene Gesamtsystem der Handwerksförderung. Wenn der Staat den Handwerksinnungen – anders als den privaten Interessenverbänden – durch die Zuerkennung des Körperschaftsstatus und die Übertragung wichtiger staatlicher und öffentlicher Aufgaben einen hohen Stellenwert in der von ihm geschaffenen Ordnung des Handwerks einräumt, ist es willkürlich, wenn Träger öffentlicher Gewalt ein Kriterium zur Rechtfertigung der Gleichbe-

---

[391] BVerfGE 90, 226 (239).

handlung von im wesentlichen ungleichen Personengruppen heranziehen, das zur Schwächung eines unverzichtbaren Bestandteils des staatlichen Ordnungsmodells geeignet ist, wie die kontinuierlich rückläufigen Mitgliederzahlen der Handwerksinnungen bei gleichzeitig zunehmenden Handwerksrolleneintragungen und steigenden Mitgliederzahlen der Handwerkskammern belegen.

Nicht anders fällt der Befund zu Art. 3 Abs. 1 GG aus, wenn auf die sog. neue Formel des BVerfG abgestellt wird. Nach ihr ist eine ungleiche Behandlung mehrerer Gruppen von Normadressaten mit dem allgemeinen Gleichheitssatz des Art. 3 Abs. 1 GG nur vereinbar, wenn zwischen ihnen Unterschiede von solcher Art und von solchem Gewicht bestehen, daß sie die ungleiche Behandlung rechtfertigen können[392]. Nach dieser Formel verstößt eine Gleichbehandlung von Normadressaten gegen Art. 3 Abs. 1 GG, wenn zwischen ihnen Unterschiede von solcher Art und von solchem Gewicht bestehen, daß eine Ungleichbehandlung geboten ist[393]. Daß zwischen den Auch-Innungs- und den Nur-Kammermitgliedern wesentliche Unterschiede im Hinblick auf ihren Nutzen aus der Kammertätigkeit und ihren Beitrag zur Förderung des Handwerks bestehen, wurde bereits dargelegt.

IV. Die rechtliche Durchsetzung eines Kammerbeitrags-Bonussystems für Innungsmitglieder

1. Das Satzungsermessen der Handwerkskammern

Die Handwerkskammern verfügen bei der satzungsmäßigen Bestimmung der Beitragsbemessungsgrundsätze und der Beitragshöhe über einen weiten Ermessensspielraum. § 113 HwO enthält nur sehr wenige Vorgaben und Anhaltspunkte[394]. Ein Kammerbeitrags-Bonussystem für Innungsmitglieder schreibt er weder vor noch schließt er es aus. Das normative Satzungsermessen der Handwerkskammern ist lediglich durch das aus dem verfassungsrechtlichen Verhältnismäßigkeitsgrundsatz folgende Äquivalenzprinzip sowie durch den auf Art. 3 Abs. 1 GG beruhenden Grundsatz der Bei-

---

[392] Siehe z.B. BVerfGE 82, 126 (146); 103, 310 (318); speziell für die Beitragsbemessung berufsständischer Organisationen BVerwG BB 1990, 1868; GewArch 2002, 206; GewArch 2002, 246; OVG Hamburg GewArch 1993, 485 f.
[393] Vgl. BVerwGE 92, 24 (28).
[394] Vgl. BVerwG GewArch 2002, 206; GewArch 2002, 245; OVG Hamburg GewArch 1989, 382; GewArch 1993, 485.

tragsgerechtigkeit begrenzt. Aus beiden Grundsätzen folgt die Pflicht der Handwerkskammern, sich bei der Bemessung der Kammerbeiträge für Innungsmitglieder an deren Nutzen aus der Kammertätigkeit und den von ihnen bereits geleisteten Beiträgen zur Förderung des Handwerks zu orientieren.

Ein ganz bestimmtes Kammerbeitrags-Bonussystem für Innungsmitglieder schreiben die beiden maßgeblichen beitragsrechtlichen Prinzipien indes nicht vor. Die Kammerbeiträge für Innungsmitglieder müssen lediglich vorteilsgerecht und beitragsgerecht bemessen werden. Hieraus folgt, daß die Handwerkskammern ein Beitrags-Bonussystem für Innungsmitglieder vorsehen müssen. Hinsichtlich der Ausgestaltung im Detail verfügen sie aber über ein weites normatives Ermessen. So ist eine Anrechnung der vollen Innungsbeiträge möglich, vorstellbar ist aber auch eine nur partielle Anrechnung. Außerdem kann bei der Anrechnung der Innungsbeiträge auch zwischen Grundbeiträgen, Zusatzbeiträgen und Sonderbeiträgen differenziert werden (vgl. § 113 Abs. 2 S. 1 HwO).

2. Möglichkeiten der Innungsmitglieder

Diejenigen Kammermitglieder, die zugleich Innungsmitglieder sind, können Beitragsbescheide der Handwerkskammern, denen kein Bonus-System für Innungsmitglieder zugrundeliegt, im Wege des Widerspruchs nach § 68 Abs. 1 VwGO oder der Anfechtungsklage nach § 42 VwGO angreifen. In Bundesländern, in denen eine landesrechtliche Bestimmung i.S.v. § 47 Abs. 1 Nr. 2 VwGO besteht[395], können die Beitragssatzungen der Handwerkskammern, die kein Bonus-System für Innungsmitglieder vorsehen, von den Innungsmitgliedern im Wege der oberverwaltungsgerichtlichen Normenkontrolle gem. § 47 Abs. 1 Nr. 2 VwGO angegriffen werden. Hier ist allerdings die Zweijahresfrist des § 47 Abs. 2 S. 1 VwGO zu beachten.

3. Möglichkeiten der Handwerksinnungen

Gerichtlicher Rechtsschutz gegen Beitragsbescheide der Handwerkskammern steht den Innungen nicht zur Verfügung. Zwar werden die Innungen durch die uneingeschränkte Heranziehung ihrer Mitglieder zu den Kammerbeiträgen faktisch geschwächt. Die Innungen sind durch die Beitragsbescheide der Kammern aber nicht unmittelbar in ihren eigenen Rechten

---
[395] Dazu die Übersicht bei *Kopp/Schenke*, VwGO, 13. Aufl. 2002, § 47 Rn. 23.

betroffen. Der eigentliche Nachteil entsteht den Innungen erst durch die Mitgliederaustritte. Eine Möglichkeit, die an ihre Mitglieder gerichteten Kammerbeitragsbescheide anzufechten, besteht deshalb für die Innungen nicht.

Aus den gleichen Gründen wäre auch ein Normenkontrollantrag gegen die Beitragssatzungen der Handwerkskammern nach § 47 Abs. 1 Nr. 2 VwGO unzulässig. Auch die Beitragssatzungen verletzen die Handwerksinnungen nicht in ihren Rechten, wie es § 47 Abs. 2 S. 1 VwGO voraussetzt.

Die Unzulässigkeit verwaltungsgerichtlichen Rechtsschutzes der Innungen gegen Beitragsbescheide und Beitragssatzungen der Handwerkskammern ist die prozessuale Konsequenz der fehlenden materiell-rechtlichen Pflicht der Handwerkskammern, ihre Beitragsordnungen an den Interessen der Innungen auszurichten. Die Handwerkskammern sind lediglich verpflichtet, die Rechte ihrer Mitglieder zu beachten. Demgegenüber stehen den Handwerksinnungen keine Rechte gegen die Handwerkskammern zu, die von diesen bei der Bestimmung der Kammerbeiträge zu beachten wären.

Hierin liegt ein wesentlicher Unterschied zur gesetzlichen Anordnung der Pflichtmitgliedschaft in den Handwerkskammern gem. § 90 Abs. 2 HwO. Diese Bestimmung kann von den Handwerksinnungen deshalb unter bestimmten Voraussetzungen mit der Verfassungsbeschwerde nach Art. 93 Abs. 1 Nr. 4a GG angegriffen werden, weil den Staat eine gegenüber den Handwerksinnungen bestehende verfassungsrechtliche Funktions- und Finanzgewährleistungspflicht trifft. Diese Pflicht verletzt der Staat, wenn er unter bestimmten Voraussetzungen an der Pflichtmitgliedschaft in den Handwerkskammern festhält.

Den Handwerksinnungen bleibt es jedoch unbenommen, sich an die gem. § 115 Abs. 1 HwO für die Staatsaufsicht über die Handwerkskammern zuständige oberste Landesbehörde zu wenden. Die Staatsaufsicht erstreckt sich nach § 115 Abs. 1 S. 2 HwO auch auf die Rechtskontrolle der Beitragssatzungen der Handwerkskammern. Die Staatsaufsicht hat rechtswidrige Satzungen zu beanstanden und die Handwerkskammern zum Erlaß rechtmäßiger Satzungen zu veranlassen. Im Falle der Änderung von Beitragssatzungen und des Erlasses neuer Beitragssatzungen, die gem. § 106 Abs. 1 Nr. 5 der Beschlußfassung der Vollversammlung der Handwerkskammer bedürfen, hat die Staatsaufsicht im Rahmen des nach § 106 Abs. 2 HwO erforderlichen Genehmigungsverfahrens auf die Einführung eines Bonus-Systems für Innungsmitglieder hinzuwirken. Beschlüsse der Vollversammlung, und damit Beitragssatzungen, die kein derartiges Bonus-System vorsehen, dürfen nicht genehmigt werden.

F. Zusammenfassung

1. Der Staat ist von Verfassungs wegen nicht gehindert, die Förderung der Wirtschaft in den Rang einer besonders wichtigen Staatsaufgabe zu erheben. Dies gilt auch für die Förderung des Handwerks, das nach wie vor ein volkswirtschaftlich unentbehrlicher Zweig der gewerblichen Wirtschaft und ein besonders wichtiger Teil des Mittelstandes ist.

2. Der Staat kann die Aufgabe der Förderung des Handwerks staatlichen Behörden übertragen, er kann aber auch Körperschaften des öffentlichen Rechts errichten und ihnen diese Aufgabe übertragen. Der Staat hat sich für die zweite Möglichkeit entschieden. Die Vertretung der Interessen des Gesamthandwerks obliegt den Handwerkskammern, die Interessen der Einzelhandwerke werden von den Handwerksinnungen gefördert. Handwerkskammern und Handwerksinnungen sind Körperschaften des öffentlichen Rechts, § 90 Abs. 1 und § 53 S. 1 HwO.

3. § 90 Abs. 2 HwO ordnet die Pflichtmitgliedschaft in den Handwerkskammern an. Demgegenüber ist die Gründung von Handwerksinnungen und der Beitritt zu ihnen nach § 52 Abs. 1 S. 1 HwO freiwillig. Mitglieder der Handwerkskammern, die gleichzeitig Mitglied in einer Handwerksinnung sind, werden nach den derzeitigen Beitragsvorschriften der Handwerkskammern zur Zahlung des vollen Kammerbeitrags herangezogen.

4. Grundaufgabe der Handwerksinnungen ist nach § 54 Abs. 1 S. 1 HwO die Förderung der Interessen der Einzelhandwerke. Hierbei handelt es sich um eine öffentliche Aufgabe. Der nicht abschließende Aufgabenkatalog des § 54 Abs. 1 S. 2, Abs. 2-3 HwO konkretisiert die Aufgabe der Interessenförderung.

5. Die Handwerksinnungen nehmen teils staatliche, teils nichtstaatliche öffentliche Aufgaben wahr. Soweit sie staatliche Aufgaben erfüllen, fungieren sie als Träger mittelbarer Staatsverwaltung. Staatliche Aufgaben sind insbesondere die Regelung und Überwachung der Lehrlingsausbildung (§ 54 Abs. 1 S. 2 Nr. 3 HwO), die Abnahme der

Gesellenprüfungen und die Errichtung von Gesellenprüfungsausschüssen (§ 54 Abs. 1 S. 2 Nr. 4 HwO), die Mitwirkung bei der Verwaltung der Berufsschulen (§ 54 Abs. 1 S. 2 Nr. 6 HwO), die Erstattung von Gutachten und Auskünften gegenüber Behörden (§ 54 Abs. 1 S. 2 Nr. 8 HwO), in vielen Fällen die Durchführung der von den Handwerkskammern erlassenen Vorschriften und Anordnungen (§ 54 Abs. 1 S. 2 Nr. 10 HwO), die Beratung der Vergabestellen bei Vergabe öffentlicher Lieferungen und Leistungen (§ 54 Abs. 2 Nr. 2 HwO), die gütliche Streitbeilegung zwischen Innungsmitgliedern und Lehrlingen durch die nach § 111 Abs. 2 ArbGG, § 67 Abs. 3 HwO gebildeten Innungsausschüsse, die Streitvermittlung zwischen Innungsmitgliedern und ihren Auftraggebern (§ 54 Abs. 3 Nr. 3 HwO) durch die gem. § 61 Abs. 3 Nr. 1 HwO hierfür errichteten Innungsausschüsse, die Errichtung von Unterstützungskassen gem. § 54 Abs. 3 Nr. 2 HwO und die Errichtung von Innungskrankenkassen gem. § 157 Abs. 1 SGB V i.V.m. § 54 Abs. 5 HwO.

6. Soweit die Innungen staatliche Aufgaben erfüllen, obliegt dem Staat gegenüber den Handwerksinnungen eine Funktions- und Finanzgewährleistungspflicht. Das heißt, der Staat muß durch entsprechende organisations-, verfahrens- und finanzrechtliche Regelungen und Maßnahmen eine effiziente Aufgabenerfüllung durch die Handwerksinnungen sicherstellen und die hierfür erforderliche Finanzausstattung gewährleisten. Diese staatliche Pflicht ist Folge des rechtsstaatlichen Gebots der Effizienz staatlichen Handelns. Die rechtsstaatliche Verantwortlichkeit des Staates für eine sachgerechte und effiziente Erledigung staatlicher Aufgaben verlangt, daß der Staat die Träger der mittelbaren Staatsverwaltung, die er mit der Erfüllung staatlicher Aufgaben betraut hat, zu einer wirksamen und effizienten Aufgabenerledigung in die Lage versetzt. Diese Pflicht obliegt dem Staat aber auch, soweit die Handwerksinnungen nichtstaatliche öffentliche Aufgaben erfüllen. Hebt der Staat bestimmte der Sache nach nichtstaatliche Aufgaben aus dem rein gesellschaftlichen Bereich dadurch heraus, daß er ihre Erfüllung nicht der freien und ungebundenen Beliebigkeit privater Verbandsmacht überläßt, sondern sie eigens hierfür errichteten Körperschaften des öffentlichen Rechts überantwortet, muß er für eine Finanzausstattung dieser Körperschaften sorgen, die eine sachgerechte Erfüllung dieser öffentlichen Aufgaben ermöglicht.

7. Der Staat ist von Verfassungs wegen nicht daran gehindert, gesetzlich eine Innungspflichtmitgliedschaft anzuordnen. Eine solche Innungspflichtmitgliedschaft wäre insbesondere mit den Grundsätzen der Berufsfreiheit (Art. 12 Abs. 1 S. 1 GG), der Meinungsfreiheit (Art. 5 Abs. 1 S. 1 GG), der Vereinigungsfreiheit (Art. 9 Abs. 1 GG), der Koalitionsfreiheit (Art. 9 Abs. 3 GG) und der allgemeinen Handlungsfreiheit (Art. 2 Abs. 1 GG) vereinbar. Dies gilt selbst dann, wenn den Pflichtinnungen die Tariffähigkeit zuerkannt würde (vgl. § 54 Abs. 3 Nr. 1 HwO). Eine Innungspflichtmitgliedschaft wäre auch mit der Vereinigungsfreiheit des Art. 11 Abs. 1 1. Hs. 2 Alt. EMRK und mit der Niederlassungsfreiheit nach Art. 43 ff. EGV vereinbar. Die Dienstleistungsfreiheit nach Art. 49 ff. EGV gebietet, EG-Ausländer, die in Deutschland Handwerksleistungen in geringem Umfang anbieten, von der Innungspflichtmitgliedschaft oder zumindest von mit dieser verbundenen Beitragslasten und sonstigen Einzelpflichten freizustellen.

8. Dem Staat steht bei der Erfüllung seiner Funktions- und Finanzgewährleistungspflicht gegenüber den Handwerksinnungen ein weiter Entscheidungsspielraum zu. Es besteht keine staatliche Pflicht zur Anordnung einer Innungspflichtmitgliedschaft.

9. Zwischen den Aufgaben der Handwerkskammern und der Handwerksinnungen bestehen zahlreiche Überschneidungen. Viele der den Innungen obliegenden Aufgaben werden auch von den Handwerkskammern wahrgenommen. Die gesetzliche Anordnung der Pflichtmitgliedschaft in den Handwerkskammern schwächt tendenziell die Handwerksinnungen. Immer mehr Innungsmitglieder erachten die Vertretung ihrer Interessen durch die Handwerkskammern für ausreichend und treten aus den Innungen aus, um die Innungsbeiträge zu sparen. Demgegenüber nehmen die Handwerksrolleneintragungen und die Mitgliederzahlen der Handwerkskammern kontinuierlich zu.

10. Gefährden die ständig abnehmende Zahl der Innungsmitglieder und das damit verbundene sinkende Beitragsaufkommen die sachgerechte Erfüllung der den Innungen gesetzlich obliegenden Aufgaben, muß der Staat durch geeignete Maßnahmen die ordnungsgemäße Erfül-

lung der Innungsaufgaben ermöglichen. Die Anordnung der Innungspflichtmitgliedschaft oder die Abschaffung der Pflichtmitgliedschaft in den Handwerkskammern sind zwei von mehreren geeigneten Möglichkeiten. Bleibt der Staat im Falle einer akuten Schwächung der Innungen untätig, ist durch das gleichzeitige Festhalten an der die Innungen tendenziell schwächenden Pflichtmitgliedschaft in den Handwerkskammern ein verfassungswidriger Zustand erreicht. In diesem Fall ist eine Verfassungsbeschwerde der Innungen gegen § 90 Abs. 2 HwO zu erwägen.

11. Da viele der den Handwerkskammern obliegenden Aufgaben bereits von den Innungen erfüllt werden, ist die Mitgliedschaft in den Handwerkskammern für die Innungsmitglieder von geringerem Nutzen als für die Nur-Kammermitglieder. Die Erhebung des vollen Kammerbeitrages bei den Innungsmitgliedern steht deshalb außer Verhältnis zum nur beschränkten Nutzen ihrer Kammermitgliedschaft und verstößt gegen das aus dem rechtsstaatlichen Verhältnismäßigkeitsgrundsatz folgende beitragsrechtliche Äquivalenzprinzip. Die Innungsmitglieder leisten durch die Zahlung des Innungsbeitrages bereits einen wesentlichen Beitrag zur Förderung des deutschen Handwerks. Hierdurch und durch ihren nur eingeschränkten Nutzen aus der Kammermitgliedschaft unterscheiden sie sich wesentlich von den Nur-Kammermitgliedern. Der aus Art. 3 Abs. 1 GG folgende Grundsatz der Beitragsgerechtigkeit gebietet deshalb, daß die Nur-Kammermitglieder und die Auch-Innungsmitglieder beitragsrechtlich unterschiedlich behandelt werden. Der Hinweis auf die Möglichkeit eines Innungsaustrittes ist kein sachgerechter Grund, der die gleichheitswidrige Gleichbehandlung von Nur-Kammermitgliedern und Auch-Innungsmitgliedern rechtfertigt. Aus dem Äquivalenzprinzip und dem Grundsatz der Beitragsgerechtigkeit folgt die Pflicht der Handwerkskammern zur Einführung eines Kammerbeitrags-Bonussystems für Innungsmitglieder.

12. Innungsmitglieder können ein Kammerbeitrags-Bonussystem durch verwaltungsgerichtliche Anfechtungsklagen gegen Kammerbeitragsbescheide und durch verwaltungsgerichtliche Normenkontrollanträge gegen die derzeitigen Beitragssatzungen der Handwerkskammern gem. § 47 Abs. 1 Nr. 2 VwGO gerichtlich durchsetzen. Die Handwerksinnungen können sich an die für die Aufsicht über die Hand-

werkskammern zuständigen staatlichen Behörden wenden, die rechtswidrige Beitragssatzungen der Handwerkskammern gem. § 115 HwO beanstanden und Satzungsbeschlüssen der Handwerkskammervollversammlungen die nach § 106 Abs. 2 HwO erforderliche Genehmigung versagen müssen, wenn die Einführung eines Kammerbeitrags-Bonussystems für Innungsmitglieder nicht beschlossen wurde.

Literaturverzeichnis

Aberle, Hans-Jürgen (Hrsg.),
Die Deutsche Handwerksordnung – Kommentar, Mustersatzungen und Materialien, Lsbl., Berlin, Stand: Okt. 2002

Achten, Hans,
Die öffentlich-rechtliche Grundlage der Handwerker-Organisation in der Reichsgewerbeordnung und deren Änderung durch die Handwerksnovelle vom 11.Februar 1929, Diss. Köln 1929

Arnull, Anthony/Dashwood, Alan/Ross, Malcolm/Wyatt, Derrick,
Wyatt and Dashwood's European Union Law, 4th edition, London 2000

Axer, Peter,
Die Finanzierung der Industrie- und Handelskammern,
GewArch 1996, 453

Behrens, Peter,
Niederlassungsfreiheit und internationales Gesellschaftsrecht
RabelsZ 1988, 498

Bethge, Herbert,
Funktionsgerechte Finanzierung der Rundfunkanstalten durch den Staat
AöR 116 (1991), 521

Bethge, Herbert,
Grundrechtsprobleme einer Zwangsmitgliedschaft in Verbänden des öffentlichen Rechts
JA 1979, 281

Bethge, Herbert,
Zur Existenz und Relevanz eines Finanzgewährleistungsanspruchs einer Rundfunkanstalt gegen den Staat
DÖV 1988, 97

Bethge, Herbert/Detterbeck, Steffen,
Bundesverfassungsgerichtlicher oder fachgerichtlicher Rechtsschutz gegen Arbeitnehmerkammern?
JuS 1993, 43

Bieback, Karl-Jürgen,
Die öffentliche Körperschaft, Berlin 1976

Bleckmann, Albert,
Die umgekehrte Diskriminierung (discrimination à rebours) im EWG-Vertrag
RIW 1985, 917

Bleckmann, Albert,
Verfassungsrang der Europäischen Menschenrechtskonvention?
EuGRZ 1994, 149

Blumenwitz, Dieter,
Rechtsprobleme im Zusammenhang mit der Angleichung von Rechtsvorschriften auf dem Gebiet des Niederlassungsrechts der freien Berufe
NJW 1989, 621

Brohm, Winfried,
Strukturen der Wirtschaftsverwaltung – Organisationsformen und Gestaltungsmöglichkeiten im Wirtschaftsverwaltungsrecht, Stuttgart 1969

Bryde, Brun-Otto/Kleindiek, Ralf,
Der allgemeine Gleichheitssatz
Jura 1999, 36

Bull, Hans Peter,
Allgemeines Verwaltungsrecht, 6. Aufl., Heidelberg 2000

Bull, Hans Peter,
Die Staatsaufgaben nach dem Grundgesetz, 2. Auflage Weinheim 1977

Bungert, Hartwin,
Einwirkung und Rang von Völkerrecht im innerstaatlichen Rechtsraum –
Ein Vergleich des deutschen mit dem US-amerikanischen Recht
DÖV 1994, 797

Calliess, Christian/Ruffert, Matthias (Hrsg.),
Kommentar des Vertrages über die Europäische Union und des Vertrages zur Gründung der Europäischen Gemeinschaft – EUV/EGV -, 2. Aufl., Neuwied/Kriftel 2002

Chesi, Valentin,
Struktur und Funktionen der Handwerksorganisation in Deutschland seit 1933 – Ein Beitrag zur Verbandstheorie, Berlin 1966

Craig, Paul/de Búrca, Gráinne,
EU Law – Text, Cases, and Materials, 3rd ed., Oxford 2003

Dauses, Manfred A. (Hrsg.),
Handbuch des EG-Wirtschaftsrechts, Lsbl., Bd. 1, München, Stand: März 2002

Degenhart, Christoph,
Das Verwaltungsverfahren zwischen Verwaltungseffizienz und Rechtsschutzauftrag
DVBl. 1982, 872

Detterbeck, Steffen,
Allgemeines Verwaltungsrecht, München 2002

Detterbeck, Steffen,
Streitgegenstand und Entscheidungswirkungen im Öffentlichen Recht, Tübingen 1995

Detterbeck, Steffen,
Zum präventiven Rechtsschutz gegen ultra-vires-Handlungen öffentlich-rechtlicher Zwangsverbände, Frankfurt a. M. 1990

Detterbeck, Steffen,
Zur Grundrechtsproblematik staatlicher selektiver Pressesubventionen
ZUM 1990, 371

Diefenbach, Wilhelm,
Zu Fragen der Inländerdiskriminierung im Handwerksrecht vor dem Hintergrund der Entscheidungen des österreichischen Verfassungsgerichtshofs vom 09.12.1999 und des Europäischen Gerichtshofs vom 03.10.2000
GewArch 2001, 353

Dijk, Pieter/van Hoof, G.J.H.,
Theory and Practice of the European Convention on Human Rights, 2nd ed.
Boston 1990

Dreier, Horst (Hrsg.),
Grundgesetz: Kommentar, Bd. 1, Tübingen 1996

Eberhartinger, Michael,
Konvergenz und Neustrukturierung der Grundfreiheiten
EWS 1997, 43

Ehlers, Dirk/Krebs, Walter (Hrsg.),
Grundfragen des Verwaltungsrechts und des Kommunalrechts, Berlin 2000

Epiney, Astrid,
Umgekehrte Diskriminierungen – Zulässigkeit und Grenzen der discrimination à rebours nach europäischem Gemeinschaftsrecht und nationalem Verfassungsrecht, Köln etc. 1995

Erichsen, Hans Uwe/Ehlers, Dirk (Hrsg.)
Allgemeines Verwaltungsrecht, 12. Aufl., Berlin 2002

Everling, Ulrich,
Das Niederlassungsrecht in der EG als Beschränkungsverbot
in: Schön, Wolfgang (Hrsg.), Gedächtnisschrift für Brigitte Knobbe-Keuk, Köln 1997, S. 610

Eyermann, Erich,
Staatsaufsicht über Handwerkskammern – insbesondere im Interessenvertretungsbereich
GewArch 1992, 209

Fastenrath, Ulrich,
Inländerdiskriminierung – Zum Gleichbehandlungsgebot beim Zusammenwirken mehrerer (Teil)Rechtsordnungen im vertikal gegliederten und international integrierten Staat
JZ 1987, 170

Fiege, Carsten,
Der Filialhandwerker in Deutschland und Europa
GewArch 2001, 409

Frentzel, Gerhard/Jäkel, Ernst/Junge, Werner,
Industrie- und Handwerkskammergesetz, 6. Aufl., Köln 1999

Friauf, Karl Heinrich,
Die negative Vereinigungsfreiheit als Grundrecht
in: Pleyer, Klemens (Hrsg.), Festschrift für Rudolf Reinhardt, Köln 1972, S. 389

Fröhler, Ludwig,
Das Recht der Handwerksinnung, Alfeld 1959

Fröhler, Ludwig,
Interessenvertretung durch Körperschaften des öffentlichen Rechts?
GewArch 1972, 33

Fröhler, Ludwig,
Interessenvertretung durch Wirtschaftskammern
in: Festschrift für J. Broermann, Berlin 1982, S. 687

Fröhler, Ludwig /Kormann, Joachim,
Die Handwerkskammer als Unternehmer?
GewArch 1984, 177

Fröhler, Ludwig/Kormann, Joachim,
Interessenförderungspflicht der Innungen und Wettbewerbsrecht
Alfeld 1981

Fröhler, Ludwig/Kormann, Joachim,
Wirtschaftliche Betätigung von Handwerksorganisationen, Alfeld 1984

Fröhler, Ludwig/Oberndorfer, Peter,
Körperschaften des öffentlichen Rechts und Interessenvertretung, München 1974

Frotscher, Werner/Pieroth, Bodo,
Verfassungsgeschichte, 3. Aufl., München 2002.

Frowein, Jochen/Peukert, Wolfgang,
Europäische Menschenrechtskonvention – EMRK-Kommentar, 2. Aufl., Kehl/Straßburg/Arlington 1996

Geck, Wilhelm Karl,
Das Bundesverfassungsgericht und die allgemeinen Regeln des Völkerrechts, in: Christian Starck u.a. (Hrsg.) Festgabe Bundesverfassungsgericht und Grundgesetz, Band II, Tübingen 1976, S. 125 ff.

Geiger, Rudolf,
EUV/EGV, 3. Aufl., 2000

Gornig, Gilbert,
Pflichtmitgliedschaft in der Industrie- und Handelskammer. Verfassungsrechtliche und europarechtliche Aspekte
WiVerw 1998, 157

Grabitz, Eberhard/Hilf, Meinhard (Hrsg.),
Das Recht der Europäischen Union, Lsbl., München, Bd. I EUV/EGV, Stand: Februar 2002

Häberle, Peter,
Effizienz und Verfassung
AöR Bd. 98 (1973), 623

Hammerl, Christoph,
Inländerdiskriminierung, Berlin 1997

Hartmann, Karl/Philipp, Franz,
Handwerksrecht – Handwerksordnung – Kommentar, Darmstadt/Berlin 1954

Heck, Hans-Joachim,
Kreishandwerkerschaften und Rechtsberatungsgesetz
GewArch 1982, 48

Hellermann, Johannes,
Die sogenannte negative Seite der Freiheitsrechte, Berlin 1993

Hendler, Reinhard,
Selbstverwaltung als Ordnungsprinzip, Köln 1984

Herdegen, Matthias,
Europarecht, 4. Aufl., München 2002

Herrmann, Günter,
Fernsehen und Hörfunk in der Verfassung der Bundesrepublik Deutschland, Tübingen 1975

Herrmann, Günter,
Rundfunkrecht, München 1994

Heß, Reinhold,
Grundrechtskonkurrenzen – zugleich ein Beitrag zur Normstruktur der Freiheitsrechte, Berlin 2000

Hesse, Konrad,
Grundzüge des Verfassungsrechts der Bundesrepublik Deutschland, 20. Aufl., Heidelberg 1999

Hollje-Lüerßen, Gerriet,
Das deutsche Handwerk im Prozeß der europäischen Einigung, diss. rer. Pol. Oldenburg 1996

Honig, Gerhart,
Handwerksordnung mit Lehrlingsvertragsrecht des Berufsbildungsgesetzes (BBiG) – Kommentar, 2. Aufl., München 1999

Ipsen, Hans Peter,
Öffentliche Subventionierung Privater, Berlin 1956

Isensee, Josef /Kirchhof, Paul(Hrsg.),
Handbuch des Staatsrecht, Bd. VI, Heidelberg 1989

Jahn, Ralf,
Die Entwicklung des Beitragsrechts der Industrie- und Handelskammern – Ein Rechtsprechungsreport 1997 bis 1999
GewArch 1999, 449

Jahn, Ralf,
IHK statt Staat – Das Bundesverfassungsgericht und die IHK-Pflichtmitgliedschaft
GewArch 2002, 98

Jahn, Ralf,
Vom Bekenntnis zur IHK-Pflichtmitgliedschaft
GewArch 1998, 453

Jahn, Ralf,
Wirtschaftliche und freiberufliche Selbstverwaltung durch Kammern – Standortbestimmung und Entwicklungsperspektiven
GewArch 2002, 353

Jarass, Hans D.,
Folgerungen aus der neueren Rechtsprechung des BVerfG für die Prüfung von Verstößen gegen Art. 3 I GG
NJW 1997, 2545

Jarass, Hans D./Pieroth, Bodo,
Grundgesetz für die Bundesrepublik Deutschland: Kommentar, 6. Aufl., München 2002

Jeder, Petra,
Die Meisterprüfung auf dem Prüfstand – Zur Vereinbarkeit der Berufszulassungsvorschriften des deutschen Handwerksrechts mit dem Niederlassungsrecht des EWGV und den Grundrechten des GG, Pfaffenweiler 1992

John, Peter
Handwerk im Spannungsfeld zwischen Zunftordnung und Gewerbefreiheit – Entwicklung und Politik der Selbstverwaltungsorganisationen des deutschen Handwerks bis 1933, Köln 1987

Junge, Werner,
Der IHK-Beitrag – einer Erwiderung
GewArch 1986, 153

Kleine-Cosack, Michael,
Berufsständische Autonomie und Grundgesetz, Baden-Baden 1986

Kluth, Winfried,
Die Mitgliederklagen in sogenannten Zwangskörperschaften
Jura 1989, 408

Kluth, Winfried,
Funktionale Selbstverwaltung, Tübingen 1997

Kluth, Winfried,
IHK-Pflichtmitgliedschaft weiterhin mit dem Grundgesetz vereinbar
NVwZ 2002, 298

Kluth, Winfried,
Verfassungsfragen der Privatisierung von Industrie und Handelskammern, München 1997

Knobbe-Keuk, Brigitte,
Niederlassungsfreiheit: Diskriminierungs- oder Beschränkungsverbot
Der Betrieb 1990, 2573

Knörr, Matthias,
Die Berufszulassung zum Handwerk seit dem Ende des Alten Reiches, Diss. iur. Erlangen-Nürnberg 1996

Koenig, Christian/Haratsch, Andreas,
Europarecht, 3. Aufl., Tübingen 2000

König, Doris,
Das Problem der Inländerdiskriminierung – Abschied von Reinheitsgebot, Nachtbackverbot und Meisterprüfung?
AöR 118 (1993), 591

Kopp, Ferdinand O.,
Die Staatsaufsicht über die Handwerkskammern, Alfeld 1992

Kopp, Ferdinand O./Schenke, Wolf-Rüdiger,
VwGO, 13. Aufl., München 2002

Kormann, Joachim,
Lastenumverteilung durch Abgabenerhebung für überbetriebliche Unterweisung durch die Handwerksorganisationen
GewArch 1992, 81

Kormann, Joachim,
Normsetzungskonkurrenz bei Vorkehrung überbetrieblicher Unterweisung im Handwerk
GewArch 1991, S. 89

Kormann, Joachim,
Sieben Thesen zur Kammeraufsicht über Innungen und Kreishandwerkerschaft
GewArch 1987, 249

Laubinger, Hans-Werner,
Zum Anspruch der Mitglieder von Zwangsverbänden auf Einhaltung des gesetzlich zugewiesenen Aufgabenbereichs
VerwArch. 74 (1983), 263

Lechner, Hans/Zuck, Rüdiger,
Bundesverfassungsgerichtsgesetz, 4. Aufl., München 1996

Leisner, Walter,
Effizienz als Rechtsprinzip, Tübingen 1971

Leisner, Walter,
Werbefernsehen und öffentliches Recht, Berlin 1967

Lenz, Carl Otto (Hrsg.),
EG-Vertrag – Kommentar zu dem Vertrag zur Gründung der Europäischen Gemeinschaften, in der durch den Amsterdamer Vertrag geänderten Fassung, 2. Auflage, Köln etc. 1999

Löwer, Wolfgang,
Verfassungsrechtsdogmatische Grundprobleme der Pflichtmitgliedschaft in Industrie- und Handelskammern
GewArch 2000, 89

Martens, Wolfgang,
Öffentlich als Rechtsbegriff, Bad Homburg etc. 1969

Maunz, Theodor,
Der öffentliche Charakter der kirchlichen Aufgaben
in: Schnur, Roman (Hrsg.), Festschrift für Ernst Forsthoff, 1972, S. 229

Maunz, Theodor /Dürig, Günter/Herzog, Roman/Scholz, Rupert,
Grundgesetz: Kommentar, München, Stand: Oktober 2002

Maunz, Theodor /Schmidt-Bleibtreu, Bruno/Klein, Franz/Bethge, Herbert,
Bundesverfassungsgerichtsgesetz: Kommentar, Berlin, Stand: Juli 2002

Maurer, Hartmut,
Allgemeines Verwaltungsrecht, 14. Aufl., München 2002

Mayer, Franz/Kopp, Ferdinand,
Allgemeines Verwaltungsrecht, 5. Aufl., Stuttgart 1985

Meßerschmidt, Klaus,
Rechtsschutz gegenüber Zwangsverbänden
VerwArch. 81 (1990), 55

Meyer, Werner,
Überlegungen zu den Auswirkungen des EuGH-Urteils vom 3. Oktober 2000 – Rs C-58/98 – (GewArch 2000, 476) auf das deutsche Handwerksrecht
GewArch 2001, 265

Meyer, Werner/Diefenbach, Wilhelm,
Handwerksordnung und Europäische Union: Ausländer-/Inländerdiskriminierung? – Auswirkungen des Urteils des Europäischen Gerichtshofs vom 3. Oktober 2000 – Rs C-58/98 – auf deutsche gewerbe- und handwerksrechtliche Regelungen, München 2001

Murswiek, Dietrich,
Grundfälle zur Vereinigungsfreiheit – Art. 9 I, II GG
JuS 1992, 116

Musielak, Hans-Joachim/Detterbeck, Steffen,
Das Recht des Handwerks – Kommentar zur Handwerksordnung nebst anderen für das Handwerksrecht bedeutsamen Rechtsvorschriften und Bestimmungen, 3. Aufl., München 1995

Musielak, Hans-Joachim /Schira, Hans Peter/Manke, Michael,
Schornsteinfegergesetz, 5. Aufl., 1998

Mußgnug, Reinhard,
Das politische Mandat öffentlich-rechtlicher Körperschaften du seine verfassungsrechtlichen Grenzen,
in: Hailbronner Kay (Hrsg.), Festschrift für Karl Doehring, Berlin 1989, S. 673

Oberndorfer, Peter,
Die wirtschaftliche und berufliche Selbstverwaltung durch Kammern in der Bundesrepublik Deutschland, Alfeld 1987

Odendahl, Kerstin,
Der allgemeine Gleichheitssatz: Willkürverbot und „neue Formel" als Prüfungsmaßstäbe
JA 2000, 170

Oebbecke, Janbernd,
Individualrechtsschutz gegen Überschreitungen der gemeindlichen Verbandskompetenz
NVwZ 1988, 393

Oppermann, Thomas,
Europarecht, 2. Aufl., München 1999

Ossenbühl, Fritz,
Rundfunk zwischen Staat und Gesellschaft, München 1975

Ossenbühl, Fritz,
Verwaltungsverfahren zwischen Verwaltungseffizienz und Rechtsschutzauftrag
NVwZ 1982, 465

Peine, Franz-Joseph,
Allgemeines Verwaltungsrecht, 6. Aufl., Heidelberg 2002

Peters, Hans,
Öffentliche und staatliche Aufgaben
in: Dietz, Rolf (Hrsg.), Festschrift für H. C. Nipperdey, Bd. 2, München 1965, S. 877

Pieroth, Bodo/Schlink, Bernhard,
Grundrechte – Staatsrecht II, 18. Aufl., Heidelberg 2002

Pietzcker, Jost,
Kammerrecht in Bewegung
NJW 1987, 305

Pietzcker, Jost,
Kein „allgemeinpolitisches Mandat" von Berufskammern – BVerfGE 64, 298
Jus 1985, 27

Pietzcker, Jost,
Das Verwaltungsverfahren zwischen Verwaltungseffizienz und Rechtsschutzauftrag
VVDStRL Bd. 41 (1983), 193

Redeker, Konrad,
Bundeseinheitliches Kammerrecht
NJW 1972, 1844

Reitmaier, Marion-Angela,
Inländerdiskriminierungen nach dem EWG-Vertrag – Zugleich ein Beitrag zur Auslegung von Art. 7 EWG-Vertrag, Kehl am Rhein 1984

Ricker, Reinhart,
Die öffentliche Aufgabe der Presse, Neu-Ulm 1974

Ridder, Helmut K. J.,
Die öffentliche Aufgabe der Presse im System des modernen Verfassungsrechtes, Wien 1962

Roth, Wulf-Henning,
Die Niederlassungsfreiheit zwischen Beschränkungs- und Diskriminierungsverbot
in: Schön, Wolfgang (Hrsg.), Gedächtnisschrift für Brigitte Knobbe-Keuk, Köln 1997, S. 729

Roth, Wulf-Henning,
Grundlagen des gemeinsamen europäischen Versicherungsmarktes
RabelsZ 1990, 61

Sachs, Michael (Hrsg.),
Grundgesetz. Kommentar, 3. Aufl., München 2003

Sachs, Michael,
Die Maßstäbe des allgemeinen Gleichheitssatzes – Willkürverbot und sogenannte neue Formel
JuS 1997, 124

Sack, Rolf,
Auswirkungen der Art. 52, 58 EWGV auf das internationale Gesellschaftsrecht
JuS 1990, 352

Scheuner, Ulrich,
Buchbesprechung: Peter Häberle, Öffentliches Interesse als juristisches Problem, Bad Homburg 1970
DÖV 1972, 142

Scheuner, Ulrich,
Das Grundrecht der Rundfunkfreiheit, Berlin 1982

Scheuner, Ulrich,
Voraussetzungen und Form der Errichtung öffentlicher Körperschaften (außerhalb des Kommunalrechts)
in: Conrad, Hermann (Hrsg.), Gedächtnisschrift Hans Peters, Berlin 1967, S. 797

Schnichels, Dominik,
Reichweite der Niederlassungsfreiheit, Baden-Baden 1995

Schöbener, Burkhard,
Verfassungsrechtliche Aspekte der Pflichtmitgliedschaft in wirtschafts- und berufsständischen Kammern
VerwArch. 91 (2000), 374

Schöne, Franz-Josef,
Die umgekehrte Diskriminierung im EWGV nach der Rechtsprechung des EuGH – Dargestellt am Beispiel der Dienstleistungsfreiheit nach Art. 59 ff. EWGV
RIW 1989, 450

Schwarze, Jürgen (Hrsg.),
EU-Kommentar, Baden-Baden 2000

Schweitzer, Michael,
Staatsrecht III – Staatsrecht, Völkerrecht, Europarecht, 7. Aufl., Heidelberg 2000

Schwindt, Hanns,
Kommentar zur Handwerksordnung, Bad Wörishofen 1954

Silagi, Michael,
Die allgemeinen Regeln des Völkerrechts als Bezugsgegenstand in Art. 25 GG und Art. 26 EMRK
EuGRZ 1980, 632

Simon, Manfred,
Handwerk in Krise und Umbruch – Wirtschaftliche Forderungen und sozialpolitische Vorstellungen der Handwerksmeister im Revolutionsjahr 1848/49, Köln/Wien 1983

Steinberger, Helmut,
Allgemeine Regeln des Völkerrechts, in: Isensee/Kirchhof (Hrsg.): Handbuch des Staatsrechts der Bundesrepublik Deutschland, Band VII, Heidelberg 1992, § 173

Steindorff, Ernst,
Gemeinsamer Markt als Binnenmarkt
ZHR 150 (1986), 687

Steindorff, Ernst,
Reichweite der Niederlassungsfreiheit
EuR 1988, 19

Stober, Rolf,
Kammern der Wirtschaft: Mehr als Pflichtmitgliedschaft?
GewArch 2001, 393

Stober, Rolf,
Rechtsfragen bei Mitgliederklagen, München 1984

Stork, Stefan,
Die Reichweite der indirekten Harmonisierung am Beispiel der Dienstleistungsfreiheit unter besonderer Berücksichtigung der EuGH-Entscheidung C-58/98 (Corsten)
WiVerw 2001, 229

Streinz, Rudolf,
Europarecht, 5. Aufl., Heidelberg 2001

Tettinger, Peter J.,
Der Kammerbeitrag als Verbandslast
in: Drenseck, Walter (Hrsg.), Festschrift für Heinrich Wilhelm Kruse, Köln 2001, S. 79

Tettinger, Peter J.,
Kammerrecht. Das Recht der wirtschaftlichen und der freiberuflichen Selbstverwaltung, München 1997

Thieme, Werner,
Die Handwerkskammern, Innungen und Landesinnungsverbände im sozialgerichtlichen Verfahren
GewArch 1967, 121

Uerpmann, Robert,
Das öffentliche Interesse, Tübingen 1999

Umbach, Dieter C./Clemens, Thomas (Hrsg.),
Bundesverfassungsgerichtsgesetz, Heidelberg 1992

van Dijk, P./van Hoof, G.J.H.,
Theory and Practice of the European Convention on Human Rights, Second Edition, Deventer/Boston, 1990

von der Groeben, Hans/Thiesing, Jochen/Ehlermann, Claus-Dieter (Hrsg.),
Kommentar zum EU-/EG-Vertrag, Bd. 1, Art. A-F EUV, Art. 1-84 EGV, 5. Aufl., Baden-Baden 1997

von Mangoldt, Hermann/Klein, Friedrich/Starck, Christian (Hrsg.),
Das Bonner Grundgesetz, Kommentar, Bd. 1: Präambel, Artikel 1 bis 19, 4. Aufl., München 1999; Bd. 2: Artikel 20 bis 78, 4. Aufl., München 2000.

von Münch, Ingo/Kunig, Philip,
Grundgesetz-Kommentar, Bd. 1, 5. Aufl., 2000

von Mutius, Albert,
Die Vereinigungsfreiheit gem. Art. 9 Abs. 1 GG
Jura 1984, 193

von Mutius, Albert,
Zum „politischen Mandat" der Studentenschaft
VerwArch. 63 (1972), 453

Wägenbauer, Rolf,
Inhalt und Etappen der Niederlassungsfreiheit, EuZW 1991, 427

Wahl, Rainer,
Verwaltungsverfahren zwischen Verwaltungseffizienz und Rechtsschutzauftrag
VVDStRL Bd. 41 (1983), 151

Wassermann, Rudolf (Hrsg.),
Kommentar zum Grundgesetz für die Bundesrepublik Deutschland, Reihe Alternativkommentare, 3. Aufl., 2001

Wolff, Hans J./Bachof, Otto/Stober, Rolf,
Allgemeines Verwaltungsrecht I, 11. Aufl., München 1999

**Schriften zum deutschen und europäischen
öffentlichen Recht**

Herausgegeben von Prof. Dr. Steffen Detterbeck

Band 1 Henry Roth: Berufs- und Erwerbsunfähigkeit. Renten- und Versorgungsansprüche nach geltendem und reformiertem Recht. 2000.

Band 2 Astrid Lediger: Die Entschädigung der Bundestagsabgeordneten. 2001.

Band 3 Uwe Chojetzki: Der kirchliche Dienst in der Sozialversicherung. 2001.

Band 4 Christopher Breith: Die Fernsehschutzliste. Übertragung von Großereignissen nach § 5a RfStV. 2002.

Band 5 Lars-Henrik Rode: § 40 VwVfG und die deutsche Ermessenslehre. 2003.

Band 6 Steffen Detterbeck / Martin Will: Die Handwerksinnungen in der staatlichen dualen Ordnung des Handwerks. Zur Frage einer Innungspflichtmitgliedschaft und eines Kammerbeitrags-Bonussystems für Innungsmitglieder. 2003.

Heiko Mathias Sanders

Mittelstandsförderung und Beschäftigung

Zur Wirkung von Finanzierungs- und Investitionshilfen auf die Beschäftigung in Kleinunternehmen des Handwerks

Frankfurt/M., Berlin, Bern, Bruxelles, New York, Oxford, Wien, 2003.
247 S., 10 Abb., 11 Tab.
Europäische Hochschulschriften:
Reihe 5, Volks- und Betriebswirtschaft. Bd. 2914
ISBN 3-631-39218-4 · br. € 37.80*

Arbeitslosigkeit weiter Bevölkerungskreise stellt seit Jahren das zentrale wirtschaftspolitische Problem in der Bundesrepublik Deutschland dar. Ein Instrument zur Bekämpfung von Arbeits- losigkeit, das in der wirtschaftspolitischen Diskussion in den letzten Jahren zunehmend an Bedeutung gewonnen hat, ist die Subventionierung von Existenzgründern und bestehenden Unternehmen im Rahmen der Mittelstandsförderung. Die vorliegende Arbeit untersucht, ausgehend vom Zielsystem der Mittelstandsförderung und den Ursachen von Arbeitslosigkeit, kritisch die beschäftigungspolitische Effizienz von Finanzierungs- und Investitionshilfen der Mittelstandsförderung aus betriebswirtschaftlicher und volkswirtschaftlicher Sicht und stellt dabei Kleinunternehmen des Handwerks in den Mittelpunkt der Betrachtung.

Aus dem Inhalt: Die politischen Ziele und Instrumente der Mittelstandsförderung · Arbeitslosigkeit - Formen, Ursachen und Lösungswege · Zur Wirkung von Finanzierungshilfen der Mittelstandsförderung auf die Beschäftigung in Kleinunternehmen des Handwerks (einzelwirtschaftliche Analyse) · Mittelstandsförderung, Strukturwandel und Beschäftigung (gesamtwirtschaftliche Betrachtung)

Frankfurt/M · Berlin · Bern · Bruxelles · New York · Oxford · Wien
Auslieferung: Verlag Peter Lang AG
Moosstr. 1, CH-2542 Pieterlen
Telefax 00 41 (0) 32 / 376 17 27

*inklusive der in Deutschland gültigen Mehrwertsteuer
Preisänderungen vorbehalten

Homepage http://www.peterlang.de